鷄林隨筆
- 鳳兮처럼 살리라 -

도올 김용옥 日感

2009년 4월 14일부터 문득 시작하다

紙經不如天經

2009年 4月 14日(火)

※ 최근 낙한재駱閒齋에서 암탉 한 마리가 봉황이 되는 사건이 있었다. 정원에 암탉을 방축放畜했는데 높은 나뭇가지에 올라가 횃대를 삼고 둥지를 틀어 봉혜鳳兮라 이름했다. 봉혜란 은자隱者들이 공자를 빗대어 불렀던 말이다(『논어』「미자」5). 봉혜는 고양이와의 싸움에서도 승리했고 정원의 평화를 이룩했다. 정의의 원어는 "디케"(dikē)인데 신神들이 제각기 영역을 확보하고 서로 침범하지 않는 상태를 뜻한다. 봉혜와 고양이, 그리고 참새, 비둘기는 낙한재의 마당에서 정의를 이룩했다. 일시 침범하는 일이 있어도 서로 양보하며 평화롭게 지낸다. 어제는 봉혜가 알을 네 개나 낳아둔 곳을 발견했다. 전혀 타자他者의 손길이 닿기 어려운 은미한 곳이었다. 주자朱子가 말하는 본연지성本然之性이 천리天理를 뜻한다면 봉혜의 삶이야말로 천리天理로 가득찬 그 무엇이라고 느껴진다. 봉혜의 마음은 도심道心이다. 좀 과장된 표현같지만 나는 요 며칠 사이로

봉혜를 관찰하면서 많은 생각을 하게 되었다. 의인화된 "하나님의 마음"보다는 스스로 그러한 "자연의 마음"을 내 마음으로 삼아야 하지 않을까?

4月 16日(木)

* 존재와 당위는 시니피앙의 연쇄일 뿐이다. 존재와 당위가 모두 하나의 천리天理에 속한다는 리일분수理一分殊의 생각은 언어적 가치의 확대재생산 과정일 뿐이다. 그 과정이 역사요, 인간의 삶의 분투였을 뿐이다.

* 바울은 인심人心에서 도심道心으로의 도약을 예수의 십자가 사건을 계기로 유도시켰다. 부활사건이라는 신화로써 보편적 윤리를 확보했다. 이천伊川이나 주희朱熹에게는 인심人心에서 도심道心으로의 도약을 가능케 하는 드라마가 없었다. 그래서 맹자孟子의 성선性善을 칸트적 임페라티브로서 전제할 수밖에 없었다. 결국 바울은 돈오적頓悟的 현혹으로써 인류를 종말론 속으로 빠뜨렸다. 공자, 맹자, 순자, 그리고 『여씨춘추呂氏春秋』의 저자들로부터 주희에 이르는 중국의 사상가들은 점수적漸修的 당위의 지루함 속에 인간의 적나라한 현실을 노출시켰다. 욕망의 주체로서의 인간에게는 일시에 죽고 일시에 부활한다는 신화적 픽션은 결국 픽션으로 끝나고 만다.

※ 동물의 의식세계에 있어서 자아의 발생은 먹이를 사유화私有化하는 순간이다. 라캉의 거울은 정신병동에서 만들어낸 이론일 뿐이다.

4月 17日(金)

※ 교육의 궁극적 목적은 품격品格을 기르는 것이다. 품격(Style)이란 전문성의 극치에서 발현된다. 그것은 인간심성心性의 궁극적 도덕道德이다. 나는 길가에 피어있는 살구나 라일락 꽃의 자태에서도 그런 품격을 발견한다. 품격은 심미적 감수성(receptiveness to beauty and humane feeling)이다. 그것은 궁극적으로 현재의 순간 속에서 영원을 발견하는 것이다. 상대의 피륙 속에 절대의 수를 놓는 것이다.

※ 교육은 리듬이다.

바로(Pharaoh)
6월 3일생

4月 18日(土)

* 문명의 선진성이란 사회통합의 비젼이다.

4月 19日(日)

* 인간의 본연本然을 알기 위해 유아의 의식을 탐구하거나, 원시인의 세계를 탐색하거나, 정신병자의 특수한 정신상태를 탐방하는 것은 국부적 실마리를 제공할지는 모르나 인간의 총체적 당연當然이나 자연自然은 그런 방식으로 다 알 수가 없다. 심리학자의 탐색도 모두 어차피 언어적 구성이기 때문이다. 이론의 정교함으로 존재의 본연적 성격을 규정하려는 모든 노력이 본질주의의 오류에 빠질 수밖에 없다.

* 성선性善이나 성악性惡이나, 결여나 욕망이나, 모두 언어적 구성이다. 이러한 언어는 존재와의 사슬을 통하여 확대재생산된다. 그것은 착취가 아니라 가치의 끊임없는 창출이다. 그것이 무엇을 지향하느냐, 오직 그 지향점에 의하여 그 언어적 굴레의 평가가 결정될 뿐이다. 이것은 매우 단순한 것이다.

✽ 궁극적으로 서양과 동양의 대결은 레토릭과 예지의 대결일 뿐이다.

4月 21日(火)

✽ 효孝는 생리적生理的 요구와 종교적宗敎的 욕구를 합친 개념이다. 부모父母를 효경孝敬하는 것과 천지天地를 제사祭祀하는 것을 일치一致시키는 신앙론적 측면에서는 야소교와 유교는 상통한다. 효孝의 궁극적 의미는 아무리 지존한 인간이라 할지라도 자신의 존재보다 더 지엄한 존재가 항존恒存한다는 의식이다.

✽ 서방西方의 종교宗敎는 신화적 전제 위에 사람을 몰아넣고 공포와 기쁨을 준다. 중원中原의 종교宗敎는 천지天地의 단초를 확충해나가는 것이다. 허구성이 없어서 종교성이 부족한 것처럼 보인다. 그러나 인간은 밋밋한 맛을 즐길 줄 알아야 한다.

✽ 모든 성경聖經은 인류사人類史에 존재해서는 아니 된다. 모든 언어의 고착화는 권위의 고착화를 가져온다. 그 고착성이 성화聖化될 때, 그것은 반드시 인간을 짓밟는다. 성경은 없다. 삶의 레퍼런스로서의 담론만 있을 뿐이다.

4月 22日(水)

* 시니피앙이 시니피에와 견고하게 접합하는 것은 자유이고 해탈이다. 하나의 역설일까? 나는 본시 미끄러지는 것을 싫어하니까.

* 인간은 매 디시플린工夫에 있어서 프로가 되어야 한다. 그러나 프로라는 자의식自意識을 지니는 순간 그는 프로가 될 수 없다. 프로와 아마의 구분은 영원히 존재할 수 없다.

4月 23日(木)
* 모든 인간관계는 쌍방성을 잃으면 종교화宗敎化된다. 효孝는 명明·청淸시대에 종교화되었다.

4月 24日(金)
* 러시아는 공산혁명의 역사를 폄하해서는 아니 된다. 새로운 미래를 위해서 과거의 체험을 껴안고 가야한다. 러시아 정교회가

아니면 뚜렷히 내세울 이념도 없다는 것이 러시아의 비극이다. 바울은 아직도 서구와 그 영향권을 지배하고 있는 것이다.

* 맑은 하늘 먼동을 뚫고 비치는 새벽 햇살은 너무도 매혹적이다. 한국신학대학에서 나는 홍이섭洪以燮 선생님의 한국사강의를 들었는데 그 분은 고려청자의 색깔은 새벽에 하늘이 갈라지기 직전, 저 멀리서 은은히 배어나오는 색깔이라고 말씀하셨다. 새벽하늘 저편, 해가 뜨기 직전의 현란한 색깔이 죽어버린 그 저편에서만 볼 수 있는 오묘한 색깔이라고, 묵상에 잠기듯, 말씀하셨다. 내 인생을 뒤바꾼 명강의였다.

* 효는 생명에 대한 외경(Reverence for Life)이다.

* 천지天地란 이미 음양론화陰陽論化된 개념이다. 자연自然에는 천지天地가 없다. 천지天地를 말하면 이미 남녀男女의 관계가 부상한다. 『예기禮記』는 "음식남녀飮食男女"를 말했고 『맹자孟子』는 "식색지성食色之性"을 말했다. 동물의 세계에서는 식食이 더 본질적인 욕망이고, 인문人文의 세계에서는 색色이 더 본질적인 욕망이다. 농경으로 식食은 충족되었지만 색色은 언어화되었던 것이다. 인간 인식범주는 음·양 단 두 개의 카테고리만 있을 뿐이다. 음양은 색色이고 색色은 만사萬事이다.

4月 25日(土)

* 효孝는 진율秦律에서 이미 자각적 준수의 대상이 아니라 법률적 강제였다. 효孝는 공포 속에서 도덕화 되어갔고 가家는 작은 인퀴지션(Inquision: 종교재판)의 단위였다. 종교의 폐해는 동東과 서西를 가리지 않는다.

4月 28日(火)

* 동서문명을 예치禮治와 법치法治로 나누는 것은 넌센스다. 예禮와 법法은 합일合一될 수밖에 없다. 미국의 법法도 미국의 예禮와 합일合一되어 있다. 단지 예법합일禮法合一이 전제군주專制君主 한 사람을 위한 것이냐, 사회성원의 기본인권을 보장하기 위한 것이냐, 그 목적론적 가치의 차이가 있을 뿐이다. 법法은 예禮를 수용하지만, 예禮는 법法이 없이는 강제적 성격을 지닐 수 없다. 전통사회에서 예禮가 문제된 것은 그것이 항상 강제적 성격을 띠었기 때문이었다.

계림의 앵두화, 실경

6월 3일, 천지의 기를 접한 최초의 그 순간. 유월이들 다섯
그 다음날 나는 『효경한글역주』를 탈고했다

5月 1日(金)

∗ 바람은 우주의 노래이다. 그 노래를 덕음德音이라 표현했다. 우주의 바람을 사랑과 효로서 인식할 때 인성의 선善한 바탕이 드러난다. 성선性善은 바람이다. 그리고 바람은 풍화風化, 즉 교화教化의 능력이 있다. 효孝는 우주의 노래이다.

5月 9日(土)

∗ 지옥은 내가 밟고 있는 땅에서 피어난다. 지옥이 있기 때문에만 이 땅에 천국이 임할 수 있다.

5月 18日(月)

∗ 효의 본질은 아래로부터 위에로의 방향에 있지 않고 위로부터 아래로의 방향에 존한다. 하나님은 인간에게 효를 다해야만, 인간의 효를 받을 수 있다.

5月 23日(土)

＊ 노무현 전 대통령의 죽음은 비명에 간 수많은 의인절사義人節士의 혈맥을 이었다. 그러나 그의 오류는 살아 생전 자신의 이념을 배반하는 몇 개의 판단을 내렸다는 데 있다. 그리고 정의감은 충만해 있었으나 정의로운 사회구조를 정착시키지 못했다. 결과적으로 불의의 세력을 크게 키웠다.

5月 31日(日)

＊ 해탈은 법당에서가 아니라 변소간에서 이루어진다.

6月 17日(水)

＊ 나의 대각大覺은 봉혜이다

＊ 세계경영을 외친 김우중 회장은 자본 하나로 징기스칸 제국을 건설하려고 했다. 그러나 애석하게도, 징기스칸이 자본 이상의 것을 가지고 있었다는 사실에 그의 인식이 미치질 못했다. 『효경孝經』의 저자는 효孝라는 개념 하나로도 세계제국을 건설하였던 것이다. 대우의 파탄은 우리역사의 한 좌절이다. 우리 모두가 책임이 있다. 다시 그런 좌절이 반복되지 않기를.

6月 23日(火)

※ 잠은 생명의 못이다. 파랑이 일면 죽음으로 간다. 해탈이란 결국 죽음의 잠을 자지않고 생명의 잠을 자는 것이다.

※ 아름다운 잠이 이루어지는 자리는 분명히 따로 있다. 풍수風水와도 관련된다

6月 24日(水)

※ 임마누엘 칸트의 문제의식은 협애하다. 지식의 범위를 정확하게 설정하자는 것인데 과학에 도움을 준 것도 없고 종교의 창궐도 막지 못했다. 칸트보다 더 절실한 물음이 우리에게는 필요하다

7月 1日(水)

※ 한반도에서 전쟁이 날 가능성을 배제할 수 없다. 물론 전쟁이란 정치적 목적에 기여하는 것이다. 그리고 그것은 개인의 욕망을 극대화시키기 위한 수단이거나, 개인의 죄악을 은폐시키기 위한 방편일 것이다. 한 사람의 죄악 때문에 다수가 희생된다. 그런데 그 다수가 그 한 사람을 자신의 지도자로 추대하는 그 아이러니는 인류사의 코메디! 역사는 본시 우행愚行의 반복일까?

7月 2日(木)

﹡ 개인의 욕망이나 일신의 보존을 위해 민족의 선업善業이 무산霧散되는 것은 슬픈 일이다.

7月 9日(木)

﹡ 나의 문학지도問學之道는 세평世評에 의倚할 바 없다.

﹡ 대학大學의 원맥原脈으로 보자면 친민親民이 맞겠으나 주희朱熹의 신민新民도 그 나름대로 의도한 바가 있었을 것이다. 친민親民보다는 신민新民이 더 남송南宋 지식인들의 문제의식에 적합했기 때문이다. 그러나 친민親民을 상上·하下의 친화親和로 생각한다면 신민新民의 궁극적 의미도 친민親民이 될 수도 있다. 『대대례기』「왕언王言」편에 "상하지상친上下之相親"이라는 말이 있다. 치자와 피치자간의 거리감이 없어지는 것이 곧 신민新民의 궁극적 실현이리라. 친민親民이란 결국 국론이 분열되지 않는 컨센서스consensus를 의미한다.

﹡ 노무현 대통령은 친민親民은 했으나 신민新民은 하지 못했다. 생각과 뜻은 선량善良했으나 역사의 방향을 구조적으로 틀지를 못했다. 애석할 뿐이다. 이명박 대통령은 자신의 편협한 삶의 가치관에서 우러나오는 확신과 관념에 매달려 이 민족의 창조

적 미래의 가능성을 봉쇄시키고 있다.

* 다석과 함석헌의 사상도 결국 소꿉장난 수준이다. 서학西學의 환상에서 크게 벗어나지 못했다. 그러니 어찌 조선의 20세기에서 인물人物을 논구하겠는가!

7月 20日(月)

* 자연自然은 비정非情이다. 모든 도덕은 생리生理에 귀속될 뿐이다. 자연自然에 있어서는 생존生存이 우선이다. 그토록 사랑하던 새끼들을 46일이 되는 날부터 심하게 쪼기 시작한다. 어미가 새끼들이 곁에 얼씬도 못하도록 못살게 군다. 아직도 새끼들은 엄마를 따르고 의지하려는데 이젠 엄마가 무서운 폭군이 되었다. 새끼가 독립하려는 것이 아니라, 에미가 독립하려는 것이다. 우리가 도덕이라고 부르는 현상은 단지 인간화된 가치의 소산이다. 애초에 도덕은 자연(自然: 스스로 그러함)에 존재하지 않는다.

* 애처로운 새끼들을 바라보며, 이기적 욕망에 다시 복속된 봉혜를 바라보며, 그래도 인간人間이 위대하다는 생각이 들었다. 문명文明을 통하여 복지와 상조相助의 원칙을 확립確立한 것은 인간 언어의 승리일 것이다.

＊ 급작스럽게 **표변**해버린 봉혜의 행태行態에 나는 깊은 충격을 받았다.

＊ 독립獨立을 위爲해 애정愛情은 공포恐怖로 **변變**했다.

＊ 노자老子의 불인不仁이 자연自然의 실상實相에 더 충실하다. 공자孔子의 인仁은 자연自然을 거부하는 인간세人間世의 덕성일 수밖에 없다.

＊ 느낌(Feeling)은 생리적生理的 느낌에서부터 도덕적·심미적 느낌에 이르기까지 다양한 차원이 있다.

＊ 모든 존재存在는 본질적으로 고존孤存이다.

＊ 복지(Welfare)가 문명의 가장 큰 특징이다.

＊ 슈바이쳐는 자연을 너무 인간적으로 관찰하였다.

＊ 자연自然은 구극적 경전經典이다. 자연이라는 바이블에서 배우는 것이 가장 큰 깨달음을 준다.

＊ 자연에서는 부모와 자식은 존재하지 않는다. 오직 선배와 후배가 있을 뿐이다.

* 인간의 교육은 심미적 감성의 배양을 목표로 한다. 자연의 교육은 오직 생존生存을 목표로 한다.

7月 21日(火)

* 봉혜의 출가出家에는 입센의 노라의 모습이 있다. 그러나 차라리 "공성이불거功成而不居"라 해야 옳다. 그런데 새끼에게 둥지를 물려주고 자기 혼자 집 주변을 외롭게 방황하는 모습에는 리어왕의 비애가 서리는 것을 어찌할 수 없다. 그러나 이 모든 것이 인간의 언어의 입장이라는 것을 알아야 한다. 봉혜나 그녀의 새끼나 "자연이연自然而然"일 뿐.

* 인간세의 역사는 아무리 사소한 지역의 것이라도 동일한 가치가 있다.

* 역사의 승리는 항상 비젼의 사람에게 돌아간다. 거대한 꿈을 실천해야 한다. 꿈이 있어야만 권력을 잡을 가치가 있다. 그런데 요즈음 정치가들은 권력부터 잡고 꿈을 날조하려고 한다.

봉혜가 제일 좋아하는 것은 흙목욕

7月 22日(水)

* 봉혜는 싯달타보다 위대하다. 해탈의 의식 없이 해탈한다. 자식을 다 키웠다고 판단되는 순간 모든 것, 둥지와 정을 다 버리고 저 측백나무 꼭대기로 가버렸다. 십이연기十二緣起의 언설이 없이 해탈한 것이다.

7月 23日(木)

* 어제 미디어법이 국회에서 통과됨으로써 한국의 운명은 미궁으로 빠져들어갔다. 누구에게든지 이로울 것이 없는 미궁이라는 것을 지금 득의양양해하는 자들은 이해할 수가 없다. 한국의 역사는 국공國共이 전쟁하던 시절의 수준을 벗어나고 있질 못하다.

* 보수에 대한 저주보다 우리에게 진정으로 필요한 것은 진보에 대한 반성이다. 국민이 10년이라는 세월을 진보에게 무조건적으로 허락했는데 그 10년 동안 역사의 구조적 변화를 달성한 것이 아무 것도 없다. 보수의 악의 가능성만을 조장시켜 놓았다.

다시 고독한 주행승柱行僧이 되어버린 봉혜

김대중 대통령도 아들 하나 다스리지 못해 그 많은 선업善業을 무화無化시켰고, 노무현 대통령도 빤히 잘못된 것을 알면서도 새만금을 망쳐놓았는가 하면, 영양가 없는 한·미 FTA만 선도하다가 이념적 동지들의 등을 돌리게 만들었다. 개인의 신념에만 급급하여 정政의 대강大綱을 파악하지 못한 것이다.

＊ 한국사에 대한 뼈저린 성찰은 이것이다. 조선이 결코 큰 인물人物을 기르지 못했다는 것이다. 개화기開化期에 일본 존황파와 막부파 사이에서 성립하였던 "아케와다시"와 같은 협상協商은 상상도 할 수 없는 일이었고, 세도정치권의 치졸한 판단들만이 선말鮮末의 역사에서 난무했을 뿐이다. 이승만은 비전 없는 인물이었고 김일성은 주체적 역사의 합리적 발전을 꾀하지 못하고 결국 좌·우분열의 골만 깊게 파놓았다. 김구도 의리는 있었으나 세상을 바라보는 눈이 협애했다. 다석이나 함석헌도 서구적 가치에 대한 판타지에 매몰되었고 자신의 삶의 확고한 내재적 기준을 발견하지 못했다. 그렇다고 이러한 인물들을 다 제거하고 나면 무엇이 남을까? 역사의 공백밖에는 남는 것이 없다.

＊ 조선의 비극은 인물人物이 없다는 것이다. 인물人物이 없다 함은 무엇인가? 대의大義를 위하여 소아小我를 버리는, 치열한 삶을 사는 자가 없다는 뜻이다. 대의大義를 위한다는 뜻은 무엇인가? 지도자의 위세를 확보한 자로서 보편적 가치에 투철함을

말하는 것이다. 보편적 가치란 무엇인가? 다수의 공영共榮을 위하여 인간人間의 이지理智를 사심없이 활용活用하는 것이다.

7月 29日(水)

* "자연상태State of Nature"란 근원적으로 규정 불가능한 것이다. 홉스의 가능성도 룻소의 가능성도 하나의 시각에 불과하다. 그것은 근본적으로 언어로 규정 불가능하다는 노자老子의 생각이 가장 정밀한 관찰이다. 자연상태는 문명의 해체를 위한 하나의 가설이다. 문명의 해체는 소기하는 바의 적극적 가치에 의하여 정당화된다. 그리고 문명의 해체라는 것도 궁극적으로는 문명의 건설에 참여하는 하나의 역逆테제이다.

* 내가 남을 소유할 수 있고 지배할 수 있다는 생각은 노예멘탈리티의 초보이다.

* 폭력은 권력을 부여하지 않는다. 그러나 저주스러운 지루한 시간을 낳는다.

나의 문인화

8月 11日(火)

﹡ 오늘 나의 문인화가 소개된 인사동 전시회가 막을 내린다. 이 사건은 나에게 현존하는 공적 채널의 무용함을 일깨워주었다. 정보시대에 오히려 원초적 휴먼 네트워크가 살아나고 있는 것이다. 나는 이제 디지털 세계에 적극적으로 도전하는 삶을 살 것이다. 이제까지 아날로그만 고집했으나 아날로그의 부패가 새로운 디지털의 가능성을 일깨워주었다.

﹡ 나는 죽는 순간까지, 순결한 사랑에 관한 청춘의 꿈을 버리지 않을 것이다. 나의 모든 것을 던질 수 있는 사랑의 열정을 잃지 않을 것이다. 숨결의 끝 순간까지.

8月 12日(水)

﹡ 꿈속에서 엄마를 느낀 듯하다. 어렸을 때는 엄마꿈을 많이 꾸었을지도 모른다. 그런데 엄마가 돌아가신 이후로 한 번도 엄마를 뵌 적이 없다. 그리고 천안 묘지에 누워계신 모습만 생각했다. 그런데 살아있는 엄마가 나와 같이 걸어다니고 있는 것이다.

그러나 엄마의 얼굴은 나타나지 않았다. 나는 엄마에게 내 인생의 포부를 말했다. 나는 생계도 마련하지 못한 어린이가 되어 청춘의 꿈만을 엄마에게 말하고 있었다. 엄마는 나의 삶의 계획에 동의했다.

* 사람이 눈이 먼다는 것도 좋은 일이다. 보기 싫은 것을 보지 않을 테니까. 그리고 그 맹목 속에 전념할 수 있는 사랑의 대상이 있으면 그 나름대로 하나의 예술이 될 수 있다. 그러나 역시 예술은 좁다. 예술은 길다고 말할 수 있을지 모르나 좁다.

8月 13日(木)
* 인생이란 허망한 것이 아니라 그냥 흘러가는 것이다. 아무런 의미부여를 할 필요가 없다.

* 현자賢者는 죽을 때를 선택할 줄 안다.

8月 14日(金)
* 기독교의 가치관은 서양인들에게 죽음의 열정을 가르쳤다. 격정 속으로 자기를 휘모는 방법을 가르쳤다. 질투, 죽음, 결투, 헌신, 사랑, 증오, 집착, 이런 것들이 그들의 인생을 지배하도

록 만들었다. 짧고 굵게 사는 격정 속에 모든 것을 바친다. 그들의 해탈이란 격정의 궁극이 가져오는 파국일 뿐이다. 천수를 다하게 만드는 고요함은 비열한 용속일 뿐이다. 그러나 격정 속의 해탈이란 치정일 뿐이다. 인생은 격정을 대상화하는 여백이 자기의식 속에 마련되어 있지 않으면 결국 초라한 것이 되고 만다. 그것은 예술이나 종교의 이름으로 정당화되지 않는다.

8月 15日(土)

＊ 인간들은 하찮은 일들을 삶의 의식 속에서 침소봉대시킨다. 그리고 그 확대된 의식의 초점 속에서 스트레스를 형성한다.

＊ 과묵한 여인의 달관과 인종은 존재해방의 궁극적 귀속이다.

＊ 양명의 심학心學의 궁극적 지향점은 사회제도의 개혁이었다. 후대의 학자들이 그것을 관념론이라고 왜곡했을 뿐이다. 양명은 양지良知조차 마비된 선비-관리들의 관행이 증오스러웠다.

8月 16日(日)

＊ 사랑도 압제가 될 때에는 해방의 대상일 뿐이다.

※ 지혜를 수반하지 않는 사랑은 파멸이다. 파멸은 진리를 생산할 수 없다. 기껏해야 예술을 지어낼 뿐이다. 예술의 상상은 종교의 심원과 항상 연계되어 있다. 사랑은 합일이고, 지혜는 거리이다. 거리 없는 삶은 피곤(Fatigue)일 뿐이다.

※ 우주의 변화를 느낄 줄 아는 감성이 인仁의 출발이다.

※ 양명陽明의 생애生涯는 거의 양명교陽明敎를 만든 수도승의 삶에 가깝다. 그의 해방철학은 일종의 종교운동과도 같은 파워를 가지고 있었다. 인간은 누구든지 성인이 될 수 있다고 하는 위성爲聖의 모토가 양명학이 종교처럼 되는 것을 막았을 뿐이다.

※ 대오大悟는 삶의 과정에서 끊임없이 다가온다. 무여대오無餘大悟를 말하는 돈오자頓悟者는 궁극적으로 사기꾼이다.

※ 진정한 대오大悟는 사회적 실천을 내포한다.

※ 예술도 깨달음에서 나올 때만이 돈이 된다.

8月 18日(火)

* 생리(生理, physiology)는 우리가 체험할 수 있는 가장 위대한 우주의 이법理法이다.

8月 22日(土)

* 예술은 인간의 고귀한 이성을 타락시킨다. 돈 때문이다. 농사를 안 짓는 사람을 농부라고 할 수 없다. 농사를 짓는 농부처럼, 시인은 시를 쓸 수 있는 삶을 살아야 한다. 시를 쓸 수 있는 삶을 살지 않는 사람이 시를 쓸 수는 없다. 그는 시를 써도 시인이 아니다. 마찬가지로 예술적 삶을 살지 않는 자들이 예술을 만들고 있을 때 예술가라고 말할 수 없다. 오늘의 예술은 예술가들이 아닌 장사꾼들의 잔치이다.

8月 23日(日)

* 인간은 군집할수록 사악해진다. 원래 좀 떨어져 사는 동물이었다. 그래서 도시생활이 농촌생활보다는 악의 성향이 더 짙다.

* 마음의 평정 없는 진리는 진리가 아니다. 평정은 오직 고독에서만 얻어진다.

* 현세에서 만나는 친구보다 고전古典 속에서 만나는 친구가 훨씬 더 리얼한 기쁨을 준다.

8月 27日(木)

* 자기가 살고있는 역사의 체험이 결여된 예술은 사기이다.

* 필연성이 없이 반복되고 있는 예술은 사기이다.

* 예술에 있어서 예술의 심층을 밝히는 언어는 필수과목이다. 언어가 없는 이미지는 없다. 언어가 필요없다고 말하는 예술가들은 자신의 무식을 폭로하고 있을 뿐이다. 위대한 예술가는 단지 침묵할 뿐이지 언어가 없지는 않다.

* 사계절 문화 속에 사는 것은 축복이다. 계절의 다양성은 다양한 삶의 체험과 상상력을 유발시킨다. 사계절 문화 속에 사는 어린이들이 대체로 그림의 수준이 높다고 하는 통계도 있다.

8月 29日(土)

* 만년필의 핵심은 잉크의 흐름과 마르지 않음이다. 펜촉과 나의 의식의 초점만이 원고라는 우주를 소요한다.

봉혜는 새끼들을 독립시키기 전까지 홀로 서는데 필요한 모든 것을 학습시킨다. 그 중에서 제일 중요한 것이 영역개념이다. 봉혜 밑에서 자라난 새끼들은 봉혜의 행동 반경을 넘어가지 않는다. 이 사진은 봉혜가 유월이들을 쪼아 독립시키기 전의 마지막 수업 장면이다. 맨 위 흰 닭부터 시계 반대방향으로, 오시, 바로, 메시, 리즈, 봉혜, 길가.

9月 3日(木)

※ 송유宋儒의 도통道統은 실상 퇴지退之와 습지習之, 두 사람이 그 틀을 다 만들어놓은 것이다. 퇴지退之와 습지習之 모두 배불排佛을 주장하지만 그들의 이론의 저변에는 이미 불학佛學의 인식론이 깔려있다. 습지習之의 『복성서復性書』는 성性과 정情의 대립을 말하고, 칠정七情의 동動이 부작不作할 때 복성復性이 이루어진다고 주장한다. 이는 이미 정주程朱가 주장하는 존천리거인욕存天理去人欲의 선구이다. 그러나 동정動靜, 유무有無, 선악善惡에 대한 생각이 천태天台의 지관止觀을 계승하였기 때문에 유치한 2원론에 빠지지는 않는다. 성性과 정情은 서로에게 말미암을 뿐이며 독자적인 실체實體를 가지고 있질 않다고 말한다. 『중용中庸』의 "성誠"도 동정動靜을 초월하는 절대적인 성性의 정靜으로 말하는 것도 흥미롭다. 유가의 언어를 사용하여 유가적인 불佛을 이룩하려 했다는 풍우란馮友蘭 선생의 주장은 이고(李翶, 774~836: 습지習之는 이고의 자字)의 사상에 관한 적확한 통론通論이다.

※ 주희朱熹가 말하는 격물格物의 물物은 구체적 사물의 리理이

며 나의 삶의 상황이 발생시키는 사건(event)이다. 그런데 그것을 경서經書나 선왕先王의 예법禮法에 관한 지식知識으로 국한시킨 것은 불행한 와전이다. 양명陽明이 주희朱熹의 격물格物을 치양지致良知로 전환시킨 것은 인간의 생기발랄한 내재적 활동력을 경전의 질곡으로부터 해방시키고자 하는 적극적 시대정신(Zeitgeist)이 깃들어 있다. 그러나 주희朱熹의 격물格物은 사대부士大夫의 안일과 주변 현실에 대한 무지를 일깨우고, 사회적 물사物事에 대한 도덕적 책임감을 강조하려는 것이었다. 단지 주희朱熹의 격물格物이 과학적科學的 방법론方法論을 확립하지 못하고 결국 주관적 도덕성으로 전락하여 적극적 사회과학을 수립하지 못했다는 것은, 고등수학을 발전시키지 못한 중국문명 전반의 한계상황이다.

※ 격물格物의 격格은 인식의 카테고리를 말하는 것이다. 격한다는 것은 인식한다는 것이다.

9月 8日(火)

※ 봉혜는 생명의 빛을 잃어가고 마치 지푸라기처럼 보였다. 그러나 그 의연한 자태는 실로 고승의 용맹정진을 훨씬 뛰어넘는 것이었다. 생명을 잉태하기 위하여 생명의 빛을 나눠주고, 자신의 몸의 불을 나눠준다. 그리하여 지푸라기처럼 변해가는

그의 정진은 선승禪僧의 해탈보다 더 위대한 생산生産의 초탈超脫이었다. 15개의 알을 품었는데 품은 지 20일만에 부화되기 시작하였다. 어제 밤까지 여덟 마리가 부화되었는데, 21일째 되는 오늘, 청명한 가을 아침 아홉 마리가 확인되었다. 생명의 잉태와 더불어 지푸라기 같던 봉혜는 생명의 빛을 회복하였다. 그리고 그지없이 행복한 미소를 짓고 있다. 새끼는 에미를 의지하여야 할 생명의 준칙으로 알아보고, 에미는 새끼를 자기 몸보다 더 소중하게 보호한다. 생명을 탄생하기 위하여 잡념 없이 정진하는 삶, 대변마저도 참으면서 정진하는 봉혜의 모습, 다빈치의 모나리자보다 더 성스럽고 신비롭다. 그리고 생명이 잉태되었을 때 그토록 행복한 모습, 기나긴 고행의 그림자가 사라진 그 푸근한 모습, 딱딱한 알이 생명체로 변하여 자기 품속에서 꿈틀거릴 때 생명의 불이 자기에게로 되돌아오는 것을 느끼며 가없는 우주의 신비를 예찬하고 있는 봉혜의 모습은 실로 천리天理의 정도正道요, 도심道心의 대의大義라 하지 않을 수 없다. 이제 나는 남은 생애를 봉혜鳳兮처럼 살리라! 생명을 잉태하기 위하여 고행을 계속하리라. 끊임없는 우주의 리듬 속에서 고락苦樂을 같이하리라. 그리고 끊임없는 생명의 창조를 계속하리라. 봉혜鳳兮는 나의 삶의 최고의 스승이다.

＊ 어제 35년 전 토오쿄오東京에서 살던 시절의 학우學友가 찾아왔다. 그래서 김포를 나갔고, 경복궁, 종묘, 창경궁, 인사동을

쏴 다녔다. 그런데 오랜만에 외출해서 그런지 몸의 느낌이 개운치 않다. 속세俗世의 기운을 쐬면 내 몸이 오염되는 것을 느낀다. 학업에 정진하다보니 낙송암駱松菴 계림鷄林 밖을 나가기가 무섭다. 잡념없이 오직 진리만을 탐구하는 삶, 얼마나 큰 축복인가!

* 과학이 정밀한 곳에서는 사유가 발생하기 어렵다. 때로 사유는 디테일을 무시해야 한다. 그래야 우주론이 생겨나고 당위當爲의 확신이 생겨나고, 건강한 비젼이 생겨난다.

* 불을 자생할 수 있는 모든 것은 생명이다. 생명의 근원은 태양일 수밖에 없다. 불을 자생하는 태양은, 생명이다. 그래서 신神일 수밖에 없다. 태양숭배는 종교의 가장 건강한 형태이다.

* 봉혜는 불을 준다. 차가운 알은 생명이 되지 않는다. 그 차가운 알에 불을 분유分有케 하는 것이 봉혜의 "품음"이다. 스무하루 동안의 품음으로 정靜의 알은 동動의 생명체로 변했다. 동動의 오르개니즘(organism)이란 불을 자생할 수 있는 정체성의 단위이다. 불을 자생키 위하여 병아리는 태어나자마자 먹는다. 이러한 불의 순환이치가 곧 우주의 생리生理이다. 봉혜는 불을 나누어 불을 자생케 하는 새로운 생명을 아홉 개나 탄생시켰다. 나는 봉혜鳳兮처럼 살리라! 인간人間의 욕정欲情의 굴레를 벗고 오직 생명의 잉태만을 위하여 지푸라기처럼 살리라! 주희朱熹의

도심道心이 본시 이 생명을 말했을진대, 도심道心의 근원인 인심人心을 소외시키는 바람에 무생명의 형식도덕으로 전락하고만 것이다. 윤휴는 주자를 비판했지만 주자의 이러한 오류에서 크게 벗어나지 않았다. 이로써 조선유학의 마지막 변종變種도 빛을 잃어갔다. 돌연변이적 진화의 가능성은 원천적으로 봉쇄된 채, 생명生命의 약동이 사라졌다. 그리고 국체國體마저 붕괴된 것이다.

＊ 11시경 11마리 부화된 것이 확인되었다. 새로 태어난 병아리는 호기심 덩어리다. 두려움이 없다.

＊ 봉혜는 마지막까지 최선을 다하기 위해 둥지를 떠나지 않는다. 아직도 4개의 알이 남아있기 때문이다.

＊ 봉혜가 몸이 불편한 듯하여 둥지에서 들어 내어 놓았다. 그랬더니 땅을 밟자마자 묽은 똥을, 사람이 방구 꾸듯이, 힘을 주어 내뱉는다. 그리곤 곧바로 다시 둥지로 올라갔다. 정적靜的인 알보다 살아 움직이는 병아리에 대한 콘선(concern)이 훨씬 더 강렬하다. 둥우리를 차마 떠나지도 못하고, 나왔다간 곧 회귀한다.

＊ 오항녕은 역사에 대한 외경심이 너무 깊다. 그래서 있는 그대로의 역사의 흐름을 주어진 상황 속에 최선의 선택을 한 결

과라고 보는 경향이 있다. 오항녕은 사료를 치열하게 읽는다. 조선왕조실록을 통째로 여러 번 읽었다. 그러나 이덕일은 역사를 자기의 주관에 따라 평가하려고 한다. 그래서 역사의 흐름에 대한 아쉬움이 강렬하다. 이덕일은 현대사에 관한 깊은 통찰이 있다. 사료史料 자체에 즉卽해서 보면 오항녕의 입장이 아무래도 오류가 적을 것이다. 그러나 오항녕식으로 역사를 보면 재미가 없다. 이덕일은 역사를 재미있게 만든다. 국사학계國史學界에 있어서 오항녕과 이덕일과 같은 대치되는 학통의 존재들은 매우 소중한 것이다. 그러나 요번 논의에 있어서 이덕일은 보다 진지하게 자신의 문제점을 반성하고 오항녕과 대화했어야 했다. 마음을 열지 않으면 독선으로 흐르고, 결국 재미없게 되어버린다.

더이상 바랄게 없는 듯이 흡족한 저 봉혜의 눈길을 보라
갓 태어난 구월이들과 함께

9月 9日(水)

* 생명의 탄생에는 반드시 치열한 책임이 뒤따른다.

* 조선의 예송은 대의大義의 산물이 아니다. 예송으로써 사상의 진실을 논구할 수 없다. 예송은 단지 당파의 권력투쟁이다.

9月 11日(金)

* 역사는 궁극적으로 오늘의 문제이다. 아무리 실증사학에 철두철미하다 하더라도 이 명제를 소홀히 할 수는 없다. 과거에 대한 소신은 오늘의 실천과 유리될 수 없다.

* 사람의 과거는 결코 아름다운 것일 수 없다. 그것을 아름답게 이상화하는 자는 모두 오늘을 잘못 살고 있는 자들이다. 과거가 미화되는 것은 오늘까지의 삶이 퇴행적退行的이기 때문이다. 지나간 과거는 오늘 나의 삶의 활력活力의 배경일 뿐 그 자체로서 절대적 가치를 지닐 수는 없다. 그것은 이미 흘러가버린 것이다. 과거에 이상을 같이 했던 친구들도 지금 만나보면

과거의 허구에 매달려있다. 혐오스러울 뿐이다. 죽는 순간까지 일일신日日新, 우일신又日新을 추구하며 어제의 아름다움에 집착하지 아니 하리라.

9月 16日(水)

  * 한유韓愈의 고문古文 언어관보다 비트겐슈타인의 『트락타투스』 언어관이 더 신비주의적인 것 같다.

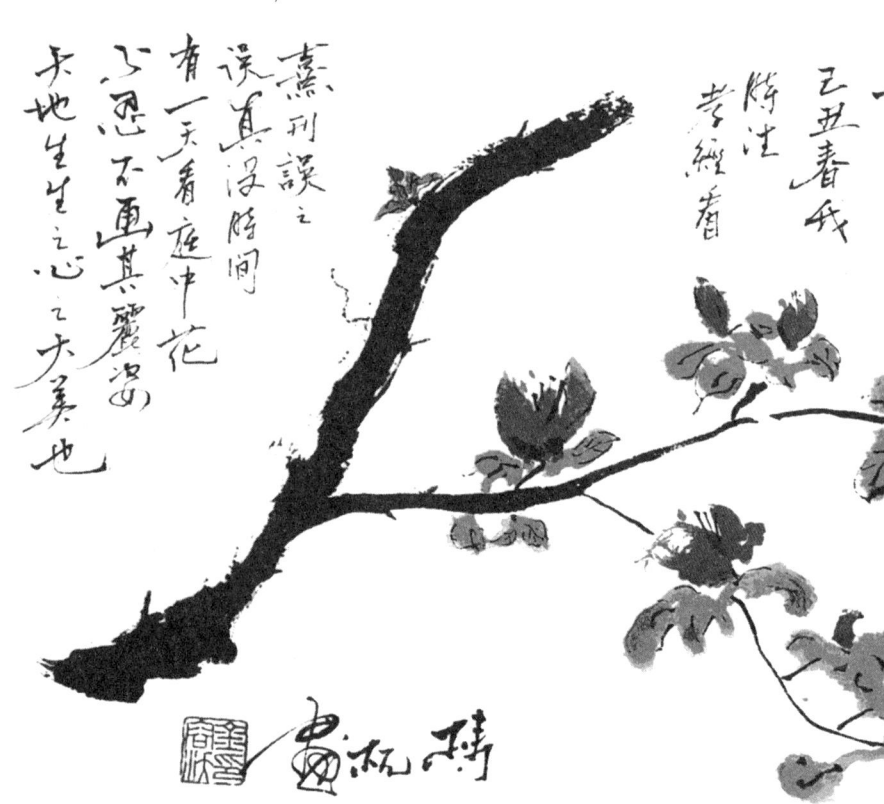

* 철학이란 봉혜가 낳은 병아리 깃털의 색깔과도 같다. 어떠한 물감을 조합하여도 그 생동하는 깃털의 찬란한 색깔은 나타내어질 수 없다. 철학이란, 그 깃털에 관해 찬탄할 뿐 아무 말도 할 수 없는 그 막막함 속에 내재하는 것이다.

* 철학이란 궁극적으로 체계가 아니다. 체계가 되면 그것은 한정되고, 도그마가 되어버린다.

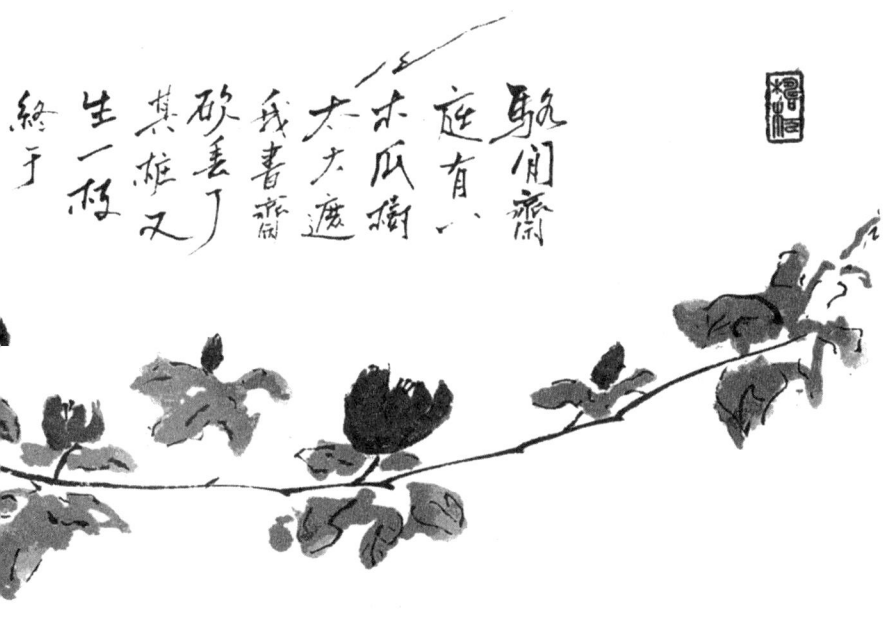

봉혜처럼 살리라 | 45

9月 28日(月)

* 『소학小學』이라는 책을 읽지 않고서는 조선왕조를 이해할 수 없다. 『소학』은 조선인들 가치관의 부정적 측면, 긍정적 측면의 총화이다. 그런데 『소학』은 주희가 쓴 책이 아니다.

다 큰 유월이들. 10월 26일 촬영. 맨 앞 흰 닭부터 시계반대 방향으로, 오시, 리즈, 길가, 메시, 바로. 오시를 빼놓고는 모두 수탉.

10月 6日(火)

* 청운의 꿈만 간직한 푸른 눈동자의 배고픈 미소년이 되리라.

* 과식過食의 해악은 과음過飮만 못지 아니 하다.

* 오후불식午後不食은 수신修身의 정도正道요, 해탈의 첩경이다.

* 인간의 꿈은 도시와 더불어 성장해왔다. 어렸을 때 기차를 타고 서울 한번 가보는 것이 나의 꿈의 최대치였듯이.

* 4대강정비사업은 궁극적으로 한 인간의 탐욕에서 비롯된 야비한 소행, 조선민족의 비합리의 극한.

* 도시는 디자인되어야 한다. 디자인이란 에너지의 효율을 극대화시키는 것이다.

* 문명의 구조는 도시의 구조이다.

10月 7日(水)

＊ 모든 위대한 예술은 인간의 극한상황의 표현이다. 그 극한의 절규를 체험치 못하는 자, 예술을 하지 않는 것이 좋다.

＊ 일획一劃은 만감萬感이다.

＊ 진짜 위대한, 진짜 순수한 짜장면 한 그릇이 존재하지 않는다는 것이 현금現今 한국문화의 최대비극이다.

10月 8日(木)

＊ 오늘 아침 봉혜가 두 해 동안 지녀왔던 꽁지털이 모두 사라졌다. 저절로 빠진 것일 수도 있겠지만 여러가지 정황으로 판단해보건대 부리로 자신이 뽑아낸 것이 확실하다. 자연적으로 빠지는 깃털이 그토록 일순간에 완벽하게 다 빠질 수는 없다. 그리고 꽁지깃털이 흐트러져 있는 상황을 조사해보니 봉혜가 하나씩 다 뽑아버린 것이 확실시된다. 어제까지만 해도 황룡사 치미처럼 위용이 있었던 그 꽁지깃털을 하룻밤 사이에 모두 없애

버렸다는 것은 참으로 충격적이다. 계절의 변화, 홀몬의 변화, 부화의 고초로 인한 피로 등 여러 가지 조건이 있었겠지만 하룻밤 사이에 그 많은 깃털을 남김없이 없애버린 그 결단력에 경악을 금치 않을 수 없다. 봉혜는 새끼들과의 관계에서 또다시 새로운 자신만의 인생을 준비하고 있는 듯하다. 볏의 색깔이 붉게 돌아오고 있다. 대자연의 변화에 상응하는 몸의 변화를 감지하지 못하고 살아가는 인간들이 오히려 가련하기만 하다. 봉혜 만세!

꽁지빠진 봉혜

10月 9日(金)

　＊ 인간을 교육시키는 데 있어서 부모된 자는 자식에게 "무엇 무엇이 되라"라고 말하면 안된다. 특히 "무엇"이 사회적 지위를 지시하면 그 인간은 반드시 쓸모없거나 사악한 인간이 된다. "대통령이 되어라" "대법원장이 되어라" "대학 총장이 되어라" 이런 식으로 특정한 지위에 대한 관념을 어렸을 때 주입하면 그 인간은 그 관념의 잣대에 의하여 삶의 성패를 결정짓고 만다. 그래서 매우 이기적인 인간이 되며 매사에 너그러움을 상실한다. 반드시 자식에게는 지위가 아닌 추상적 가치를 전승시켜 주어야 한다. 세속적 영화榮華가 아닌 대의大義를 말해주어야 한다. 자식을 법관을 만들고 싶다면 "대법원장이 되어라"라고 말할 것이 아니라, "정의로운 법을 구현하는 사람이 되어야 한다"라고까지만 말해야 한다. 가치를 상실한 지위, 꿈을 상실한 포부, 정의를 상실한 권력, 보편적 사랑을 상실한 연민, 이 모든 것은 사악한 인간들의 전유물이다.

　＊ 텔레비젼 연속극을 안 보는 삶이 위대한 삶이다. 연속극의 중독은 알콜중독보다도 무섭다. 일상생활에서 텔레비젼을

안 보는 사람이 반半은 되어야 그 나라가 건강한 나라라고 말할 수 있다.

* 고독을 음미할 줄 모르는 인간은 인仁한 사람이 될 수 없다. 인간의 본질은 고독.

* 지경은 천경만 못하다紙經不如天經.

* 이 땅의 모든 스님은 일단 학승學僧이 되어야 한다. 이 땅의 모든 위대한 선사禪師들도 다 학승學僧이었다.

* 플라톤은 말을 너무 너덜너덜하게 한다. 이러한 질병은 임마누엘 칸트, 헤겔에게까지 내려온다. 동방인들의 철학적 논설이 짧막하고 단편적이라고 해서 서방의 철학적 논설에 비해 열등하다고 생각하면 안된다. 논설의 간략함은 필요이상의 철학적 도그마를 인세人世에 강요하지 않는다. 그리고 지배紙背에 자유로운 상상의 여백을 남겨놓는다. 세상을 궁극적으로 움직이는 것은 체계적 논설이 아니라, 상황상황에 적절한 강렬한 판단일 뿐이다. 그래서 예술도 한 몫을 해온 것이다. 우리가 동방철학이 서방철학에 대해 덜 체계적이라고 느끼는 가장 본질적인 이유는 철학의 논리 그 자체의 문제 때문이 아니라 과학을 산출하지 못했기 때문이다. 그런데 서구의 과학은 결코 서구의 철학

체계들로부터 나온 것이 아니다. 철학체계 그 이전의 기하학적 사고력에 기인한 것인데 그것은 궁극적으로 언어의 구조와 관련된 것이다. 인도유러피안 언어와 한문의 차이가 그것이다.

* 희랍인들만 해도 법을 신이 제정한 것이라 생각했다. 법이란 철저히 인간의 작위라고 생각한 사람들은 로마인이었다.

* 플라톤은 하나의 주제에 대하여 간결하고 명료하고 단일한 사고를 하지 않는다.

* 플라톤에게 있어서 법(Nomoi)이란 영혼(Nous)의 중용(to metrion)이다.

* 철학적 인식이 뒷받침되지 않는 법은 폭력일 뿐이다.

* 철학哲學은 이상을 지향하며, 법法은 현실을 규제한다.

* 이 세상에 비밀이란 없다. 빨리 알려지고 늦게 알려지고의 차이만 있을 뿐이다. 비밀은 인간세에 선을 선사하기도 하고 악을 선사하기도 한다. 비밀은 지켜져서 행복할 수도 있고, 불행할 수도 있다. 비밀을 간직하는 삶의 의미는 그 비밀이 나의 삶을 건강케 만들어야 한다는 것이다. 비밀이란 궁극적으로 인간

의 어리석음 때문에 생겨나는 것인데 비밀을 지키는 과정을 통
하여 나는 그 어리석음을 벗어나야 한다.

  ✽ 권력에의 지향, 그것은 최대의 사악이다. 권력은 지배의 달
콤함인데, 인간은 결코 권력으로 지배되지 않는다.

  ✽ 한국의 젊은이들이여! 이것만은 반드시 알아다오. 세상은
결코 칼로 움직여지지 않는다. 칼로 세상을 움직인 자는 반드시
칼을 맞는다. 세상을 움직이는 것은 붓이다. 칼로 움직인 자들
이 역사의 페이지를 장식하고 있는 것처럼 보이지만, 그들을 존
재케 한 힘조차도 결국 붓에서 나온 것이다. 나는 매일매일 이
사실을 내 서안書案 앞에서 느낀다.

  ✽ 영암사람 해주 최씨 고죽孤竹 최경창崔慶昌(1539~1583)과 관기
홍랑洪娘의 사랑이야기는 참으로 애절하다: "묏버들 골히것거
보내노라 님의 손듸. 자시는 창밧긔 심거두고 보쇼셔. 밤비예
새닙곳 나거든 날인가도 너기쇼셔. 擇折楊柳寄千里, 爲我試向庭前種, 須
知一夜新生葉, 憔悴愁眉是妾身。" 첫눈에 반한 이후로 서로를 그리고 또
그리며 별리와 극적 해후를 반복했으나 결국 최경창은 마흔 다
섯의 나이로 함경도 땅에서 객사하고 만다. 홍랑은 최경창의 무
덤 앞에 움막 짓고 시묘살이를 했다. 아리따운 여인이 묘 옆에 움
막 짓고 산다는 것이 쉬운 일이 아니다. 그래서 어여쁜 얼굴을

칼로 난도질을 하여 자신을 사람들이 접근하기조차 무서워하는 추녀로 만들었다. 한강 하류 차가운 강바람을 참아내며 10년이나 시묘살이를 했다. 그리고 임진왜란이 터졌다. 그러나 그 7년 동안 홍랑은 최경창의 문집자료를 보존하며 임란의 병마를 견뎌내었다. 그리고 난이 끝나자 해주 최씨 문중에 최경창의 유작을 전했다. 그리고 홍랑은 사랑하는 님 최경창 묘소 앞에서 목숨을 끊어 한 많은 일생을 마감하였다. 홍랑이 죽자 최씨 문중은 그녀를 문중사람으로 받아들여 장사를 지냈다. 그리고 최경창 부부가 합장된 바로 아래에 홍랑의 무덤을 마련해주었다. 경기도 파주시 교하읍 청석초등학교 북편 산자락에 그 두 무덤이 있다. 최경창은 율곡·정철과도 교류했던 인물이며, 삼당시인三唐詩人의 한 사람으로 꼽힌다.

영암 구림마을 최경창 생가

10月 10日(土)

　＊ 청명한 가을날 아침, 커텐을 제쳤을 때, 공부책상 위로 비쳐들어오는 햇살처럼 따사로운 것은 없다. 모든 번뇌를 물리치고 오로지 공부에만 전념할 수 있는 삶! 천지간에 태어난 이 육척단신에게 무엇을 더 바랄 수 있으리오!

　＊ 메시는 수탉이다. 그런데 신비롭게 내 말을 들을 줄 안다. 내가 부르면 내 쪽으로 다가오고, 내가 노래를 부르라고 신호하면, 목청을 당겨 멋들어지게 꼬끼오를 뽑아낸다. 닭에게도 발성연습이라는 것이 있다. 끊임없는 발성연습을 통해 꼬끼오는 아름답고 안정된 소리로 다듬어져 간다.

　＊ 이 세상이 나를 어찌 대하든, 나는 소리없이 살리라. 아무리 나를 헐뜯고 끌어내리려 해도 침묵으로 일관하리라. 침묵 이상의 겸손이 어디 있으랴! 시비를 가리려 들지마라. 오직 우리는 내일을 위하여 무엇을 할 수 있을 것인가, 그것만을 생각하자! 과거에 대한 집착은 아름답지 못한 것이다. 오직 미래에 대한 희망만이 아름다운 것이다. 과거란 그 희망이 절망의 시간

속으로 흘러가버린 자취일 뿐, 여하한 성공이나 실패도 이미 죽어버린 형해形骸! 그 형해를 가지고 인간을 포폄하는 자, 신의 저주를 받으리!

* 인생을 조작하려 하지 마라. 어떠한 선善이라도, 어떠한 악惡이라도 구름이 지나가듯 여여如如히 받으라. 선善과 악惡이 내 인생에 짓는 업業은 기껏해야 명예, 불명예. 그것은 결코 "나"의 실존의 진실을 흐리지 못한다.

* 풍수지리風水地理란 지리의 발견이지 지리의 조작이 아니다. 인프라스트럭쳐의 개변이 아니라 슈퍼스트럭쳐의 소통이다.

* 도선道詵은 신라 흥덕왕興德王 2년(827)에 태어나 효공왕孝恭王 원년(898)에 죽었다. 생몰연대가 매우 확실한 사람으로 생애에 관해서도 구체적으로 추적해볼 수 있는 자료가 많다. 신라에서 태어나 신라에서 죽었으나 그가 크게 존경을 받은 것은 고려에서였다. 그 이유는 간단하다. 그는 고려의 보이지 않는 슈퍼스트럭쳐를 완성했기 때문이다. 그는 신라사람이지만 나말에 이미 고려왕조의 태동을 구체적으로 예언한 선각자였기 때문에 인종 때 선각국사先覺國師라는 존호尊號를 얻은 것이다.

* 도선은 화엄학의 대가였고, 풍수지리의 비조였고, 조선

선풍禪風의 조종이었다. 그의 의발衣鉢에는 당시 새로 유입되기 시작한 선종의 도통이 내려온다. 마조馬祖 도일道一, 서당西堂 지장智藏, 적인寂印 혜철慧徹, 그리고 도선으로 내려오는 도통이 있다. 그는 선말鮮末 고산자古山子의 선구였으며 지세地勢를 문세文勢로 움직일 줄 아는 형안의 소유자였다. 도선의 비결은 지세의 전관全觀이며 무형의 네트워킹에 있었다. 로마가도(Roman Road)가 로마제국의 혈관이었다면 도선의 풍수는 조선의 경락이었다. 전자는 유형有形이고 후자는 무형無形이다. 그런데 21세기의 한국의 지도자가 9세기의 도선의 비견에도 못미치는 4대강정비사업에 매달려 있다 하니 참으로 서글픈 일이다!

동리산문桐裏山門 종찰 곡성 태안사泰安寺. 도선의 스승, 적인 혜철선사의 부도탑照輪淸淨

* 풍수지리는 토목공사가 아니다. 지세의 소통과 이용의 비결은 인세人勢의 분배와 문세文勢의 창조에 있다. 인세와 문세를 합치어 인문人文이라 이르는 것이다. 인문을 이해하지 못하는 자는 치국治國의 자격이 없다.

* 남을 위한다고 연민을 표현하는 사람들이 항상 분란을 일으킨다. 연민이나 동정이나 사랑은 사감에서 발출되면 결국 자신의 질투만 폭발하고 타인을 파멸 속으로 휘몰아 넣는다. 경계를 무시하는 해탈 없는 사랑은 간섭이요 억압이요 사악이다.

* 인간의 비극이란 남의 감언에 귀를 기울일 때 생겨난다. 나의 마음이 타인他人의 훼예毁譽에 무감無感하면 비극悲劇은 없다. 셰익스피어의 비극은 그 좋은 예에 속한다.

* 사적 세계에 있어서는, 정직이라는 미명 아래 타인에게 피해를 주어서는 아니 된다. 인내를 동반하지 않는 정직은 피상적 서구교육의 가치이거나 편협한 자사自私만을 위한 이기심의 발로일 수가 있다.

* 인사人事는 철저히 시간時間 속에 있다.

10月 11日 (日)

❊ 고령화사회의 문제점은 단순히 늙은이와 젊은이의 비례문제에 있질 않다. 의미 없이 완고하게 삶을 유지하는 비생산적인 사람들이 비율적으로 너무 많아진다는 것이다. 그들은 젊은이들의 창의력과 사회진출의 기회를 축소시킨다. 늙는 사람에게 서운한 말일 수도 있으나 깨끗하게 빨리 죽는 것을 자랑스럽게 여기는 가치관이 사회적으로 정착될 필요가 있다. 의학의 발전이 인간세에 선善을 선사한다고 볼 수가 없다. 의학이 발전하면 할수록 인간의 불행은 증가하고, 젊은이들의 피와 땀이 무위도식하는 늙은이들의 생계를 걸머지는 전도된 사회구조를 만들어 낼 수도 있다. 의학에 의존하지 않는 삶의 정당한 해탈, 그것이 수신과 열반의 정도일 것이다. 고승高僧들이 활매活埋 운운한 것도 그런 뜻이 아닐까?

❊ 국학은 발로 땅을 밟는 데서 생겨난다. 국토國土의 이해 없이 국학國學은 없다.

❊ 한국인들에게 너무도 정밀함의 미덕이 없다. 책을 보아도

오식투성이고, 특히 한문인용은 거의 믿을 수가 없다. 얼렁뚱땅, 적당히 해치우는 미덕이 매사에 성행한다. 기술자의 손끝도 정교함이 없고, 요리사의 솜씨도 전문성이 결여되어 있다. 한국인이 본시 이러한 것은 아니고, 일제와 6·25동란을 거치면서, 그리고 자유주의 서구교육이 가치관으로서 확산되면서 생겨난 폐해라고 보아야 한다. 그 폐해의 가장 큰 본원지는 학문의 세계이다. 20세기 대한민국에는 학문이 실종되었다. 학문의 정밀성이 도무지 없는 것이다. 언제 이 정밀성이 회복될른지, 앞으로 족히 시간이 걸릴 문제이지만, 지도자들이 학문발전의 바른 모델을 정립하기만 하면 어려울 것도 없다. 과거 조선인의 정밀성의 가장 확실한 본보기는 조선 가구공예의 창조적 구도와 정밀한 엮음이다. 과거 목수들의 손끝은 참으로 위대한 예술이었다. 오늘 그 목수들만큼 학문을 하는 자가 거의 없다.

* 모든 엄마가 완전한 존재일 수는 없을 것이다. 그러나 자식이 엄마를 그리워하는 향심向心은 무한이다. 이 마음이 바로 효孝가 아닐까?

* 효란 "자기헌신"의 가치이다. 그것은 현대 아동에게 디시플린(discipline: 工夫)을 가르칠 수 있는 자연스러운 도덕의 기반이다. 부모된 자는 어린 자식들에게 효성孝誠을 가르치는 것을 포기하면 안된다. 너만 잘되라고 몸덩이만 키우는 것은 집안의 화

근을 키우는 것이요, 사회악을 조성하는 것이다.

* 어릴 때 조이고 커가면서 푸는 것이 리버럴 에듀케이션(liberal education)의 정도正道이다.

* 모순을 포용하는 것, 그것이 인사人事이다.

* 아침에 일어나면 단 한 번 거울을 보라. 그리고 그대의 얼굴을 관찰하라. 그리고 어제의 삶을 반성하라! 하루의 건강을 지키는 것, 그것이 삶의 대사大事이다.

* 나의 몸에 관한 모든 정보는 반드시 나 스스로 증득證得해야 한다. 그리하면 체질론의 금기도 신경쓸 필요가 없어진다. 건강에 관한 시중市中의 정보는 아무리 과학의 검증을 빙자해도 모두 알고보면 의료·식품산업의 로비와 조작의 결과이다. 건강에 관한 정보는 근원적으로 보편성을 지닐 수 없는 것이다. 우리의 몸이 다양한 구조를 지니고 있을 뿐 아니라 나의 몸의 상황성은 시간의 상대성의 지배를 받는다. "정보"는 몸의 리듬을 무시한 무시간적 관념의 나열이기 때문이다. 건강에 관한 이야기만 나오면 무조건 텔레비젼을 꺼라!

* 나의 몸의 건강을 지키는데 가장 중요한 것은 일차적으로

어떻게 무엇을 먹느냐이다. 이 세상에서 먹는 것에 관하여 이야기하자면, 서양의 낙농음식(dairy food)은 근원적으로 부작용이 높은 것으로, 최악의 부류에 속한다. 그런데 개화를 통하여 최악이 최선으로 왜곡되었다. 우유, 치즈, 버터와 같은 것은 결코 권장하기 어려운 저질의 음식임에도 불구하고, 이것의 부작용을 과학계가 발표하면 서구문명이 붕괴한다. 서구의 식품산업은 서구인의 모든 가치관, 프라이드, 문화, 예술, 도락과 관련되어 있기 때문에 그것을 부정하면 서구문명은 존립存立할 수가 없다. 그래서 세계사람들이 낙농음식의 위선이나 필요악을 감내하고 있는 것이다. 그러나 낙농음식은 저열하다. 그리고 제품화된 모든 가공식품이나 깡통음식, 캡슐, 비타민, 그리고 모든 음료는 다 저열하다. 한국인이 서구화되기 이전에 평상적으로 먹던 소찬素饌이 가장 좋은 음식이라는 것은 더 말할 나위가 없다.

＊ 대부분의 알려지도 잘못된 음식습관의 부작용이다.

＊ 음식의 부작용은 소·대변이 해결한다. 똥을 잘 누는 삶처럼 큰 축복은 없다. 먹는 분량에 비해 대변의 양이 많은 사람은 복인福人이다.

10月 12日(月)

* 미국문명의 저력은 다양한 인종이 공존한다는 사실에만 있는 것이 아니라, 그들의 문화를 습합하여 포용적인 새로운 문화를 만들어냈다는 데 있다. 그 새로운 문화의 전형이 재즈, 랩 같은 것이다. 중국문명이 재즈 수준의 유니크한 새로운 보편 예술 장르를 만들어내지 못하는 한 새로운 세계질서의 리더가 되기 어렵다.

* 재즈의 힘은 전통적 음악의 화성을 다 포함하여 그것을 초월했다는 데 있다. 클래식을 전공하는 사람들은 암암리 재즈를 깔보는데 재즈의 화성은 실제로 클래식의 화성보다 그 기법이 더 고차원적이다. 그리고 그 즉흥성(spontaneity)과 일회성(uniqueness)은 현대인의 감성을 무한히 자극시킨다. 그런데 가장 중요한 측면은 역시 자유와 자연스러움이다. 재즈는 자유요, 해방이요, 해탈이다. 그러나 무서운 규율의 배경이 반드시 숨어있다. 재즈는 유위의 극상에서 무위로 나아간 것이다.

* 랩만 해도 즉흥성과 리듬과 압운을 특징으로 하는 것이다. 그것은 천재적 시적 감각과 극한적 절규의 체험을 통하여 폐병

말기환자가 피를 토해내듯 토해낼 때 위대한 예술이 되는 것이다. 흑인의 에너지와 사회적 억압의 충돌이 만들어낸 예술인데, 흑인들이 더 이상 억압을 받지 않고, 가사가 암기나 모방의 대상이 되면서 이미 힘을 잃는 예술이 되어가고 있다. 그러나 그 독창성은 무시할 수 없다.

* 미국의 저력은 아직도 교육이 살아있다는 데 있다. 평범한 흑인을 세계의 대통령으로 만들어내는 교육의 현장이 아직도 살아있다.

* 미국은 비권위주의적 교육방식을 통해서 학생들에게 디시플린을 가르치는 데 반하여, 한·중·일은 권위주의적 교육방식을 통하여 디시플린을 오히려 해체시킨다. 미국교육은 자유 속에서 규율을 획득하도록 만드는데, 한·중·일의 교육은 규범 속에서 자유와 규율을 모두 상실하게 만든다. 이러한 교육철학의 원흉은 일본이다. 일본인의 교육방식은 일본인들에게 일정한 의미가 있다. 그러나 중국인이나 한국인에게는 쥐약이다.

* 미국교육의 가장 큰 특징은 자연스러움(naturalness)이다. 한국이나 중국교육의 가장 큰 특징은 어색함이다(awkwardness). 중국이 한국보다 이런 면에서는 덜 진화되어 있다.

＊ 한중(韓中)의 교육의 가장 큰 문제점은 교사의 좁은 소견과 권위주의적 가치관이라고 말할 수 있다.

＊ 권위주의를 버리고 권위를 획득하는 것이 교육자의 당연當然이며 난처難處이다.

＊ 클래식을 전공하는 자들이 재즈를 우습게 아는 경향이 있는데 이는 참으로 가소로운 환상이다.

＊ 밥에 비해 빵은 저열한 음식이다. 있는 그대로가 아닌, 여러 인위적 조작의 과정을 거쳐 생겨나는 빵은 근원적으로 아름답지 못한 음식이다. 빵에 대한 신화는 사라져야 한다. 빵은 안 먹을수록 좋다.

＊ 불특정다수를 위한 글만을 쓸 때 학문은 발전하지 않는다. 저널리스트에게서 학문을 기대할 수 없는 것은 바로 이러한 이유 때문이다. 그런데 요즈음의 학인들은 모두 저널리스트가 되기를 희망한다. 그래서 학문다운 학문풍토가 조성되기 어렵다.

＊ 최근에 동숭동에 멸치국물로 순수하게 국수를 만드는 집이 생겨 가끔 들린다. 그래서 내가 닭을 키운다 하고 국물 우리고 남은 멸치를 얻어온다. 그 양이 많다. 그래서 멸치 잘게 썬 것과

조를 섞어 주니 닭들이 포식한다. 그런데 이상한 변화가 생겨났다. 하루종일 쉬지 않고 움직이거나 땅을 파는 봉혜와 그의 새끼 16마리가, 나뭇가지에 조용히 앉아서 사색을 즐기는 모습을 하고 있는 것이다. 초식은 하루종일 "식"을 위한 노동을 강요한다. 그런데 고단백의 섭취는 그러한 노동을 요구하지 않는다. 삶의 시간에 여백이 생겨나는 것이다. 인간도 육식을 통해 사색하는 시간이 늘어나, 뇌가 발달케 되었다는데 멸치 잔뜩 먹다가 닭의 지능이 발전할런지는 두고 볼 일이다. 그러나 역시 닭에게 육식을 많이 주는 것은 바람직하지 못하다.

* 닭이 본래 초식의 동물인지 육식의 동물인지는 아무도 모른다.

* 참새와 호랑이를 놓고 호랑이를 참새보다 고등동물이라고 말하는 것은 어불성설이다. 호랑이와 참새는 그 생존능력에 있어서 조금도 차이가 없다. 호랑이가 모기보다 고등하다고 말할 아무런 이유가 없다.

* 참새는 투쟁의 세계에서는 비교적 무기력하기 때문에 놀라웁도록 기민하게 먹이를 구하고 또 위기상황을 모면한다. 닭장 문이 열려 있으면 어느 순간 순식간에 참새는 떼로 몰려와 먹이를 구한다. 그런데 사람이 나타나기만 하면 순식간에 그 문을

빠져나간다. 이러한 공간감각이나 집단이동방법은 어떤 새보다도 기민하다.

＊ 참새는 집단소통언어가 매우 발달되어 있다. 카씨러의 말대로 참새의 언어는 상징언어(symbolic language)가 아닌 싸인언어(sign language)일지는 모르지만, 그 생존을 위한 소통방법이 고도로 언어화되어 있는 것은 의심의 여지가 없다.

＊ 처음에 닭장을 만들었을 때 닭장의 둘레벽면을 직경 4cm 정도의 마름모꼴 철사망으로 쳐놓았는데 참새들이 마음대로 들락거릴 수 있었다. 한 이틀 안에 닭장 주변으로 수백 마리의 참새가 몰려들었다. 서울 장안의 모든 참새가 몰려드는 듯했다. 사방이 참새똥 천지가 되는 바람에, 하는 수 없이 매우 좁은 망으로 다시 둘러쳤다. 참새는 곧 닭장 안으로 들어갈 수 없다는 것을 알아차렸다. 그러자 곧 한 마리도 나타나지 않는다. 그들은 놀라운 방식으로 정보를 기민하게 교환한다. 먹이를 구할 수 없는 곳에 날아오는 수고를 하지 않는다. 노동의 방식이 놀라웁게 경제적인 것이다.

＊ 참새는 참으로 영민하다. 모기도 매우 영민하다. 모기가 사람의 피를 빨고 또 사람의 분노를 피하는 방식은 호랑이보다 더 영민하다. 그래서 호랑이는 사라져가고 모기는 창성한다.

＊ 번역은 인문학의 총화이다. 번역에 대한 투자는 한 국가가 그 문화를 진흥시킬 수 있는 가장 효율적인 방법이다. 번역 없이 한국어는 성장하지 않는다. 번역은 낭비가 있을 수 없는, 학문의 참 기준이다. 치열한 번역·주해의 능력이 없는 학인은 학자라 말할 수 없다.

＊ 고전번역의 주저(主著)가 없는 학자는 학자로서 대접해서는 아니 된다.

＊ 번역청의 설립을 나는 이번 주 중앙일보라는 매체를 통해 제창하였다. 번역청은 꼭 설립되어야 한다. 인문학의 부재를 개탄하지 말라! 번역청만 세우면 상당한 문제가 다 해결된다. 사라센제국의 흥기가 고전번역과 관련있고 그것은 결국 서구의 르네쌍스를 주도하였다.

＊ 우리나라 번역에 있어서 가장 낙후한 분야가 "영역"이다. 많은 사람들이 우리나라에 한학에 능통한 인재가 사라져간다고 생각하는데, 우리나라에 가장 결핍된 인재는 한학자가 아니라 제대로 된 "영역"을 할 수 있는 학자군이다. 한문고전에 능통하면서도 영시를 자유롭게 쓸 수 있는 인재가 길러지지 않는 한 한국의 세계적 위상은 답보상태에 머물러 있을 수밖에 없다.

＊ 한국에서 영어를 제대로 하는 사람은 거의 한 사람도 없다. 내가 아는 단 하나의 인물이 있었는데, 그는 우리나라 학계에서 배척당해 이 나라를 저주하고 떠났다.

＊ 잠자리가 하늘을 나는 방식은 카오스다. 참새보다 지향성이 적기 때문에 여유로운 것이다.

＊ 번역에 있어서 직역과 의역의 대립을 운운하는 것은 수준 낮은 논의이다. 직역과 의역은 당연히 통합되어야 한다. 그 통합의 방법 중의 하나가 주석이다. 주석이 없는 번역은 번역이라 할 수 없다. 주석이 충실하게 달린 번역작품은 근본적으로 새로운 예술작품이라 해야 할 것이다. 의역 속에 직역의 모든 것이 정확하게 반영되어 있지 않으면 그것은 의역이 아니다.

＊ 봉혜의 유월생 자녀들은 다섯 마리가 있다. 그 이름은 바로, 길가, 메시, 오시, 리즈이다. 이 중 오시만 암탉이고 나머지 네 마리는 모두 수탉이다. 이 다섯 마리가 모두 뚜렷한 개성을 지니고 있다. 닭들이 뚜렷한 개성을 유지한다는 것은 결국 닭들에게 언어적 질서가 있다는 것이다. 언어가 없이 개성은 생겨나기 어렵다.

＊ 마당 한켠에는 채소를 갈아먹는 채마밭이 있는데, 닭들을

방사한다. 닭들이 채마밭을 거니는데, 실보다는 득이 더 많다. 채소에 벌레먹는 현상이 싹 사라졌다. 벌레를 모조리 닭이 잡아먹기 때문이다.

* 부산국제영화제가 날이 갈수록 사람들이 더 모여들고 세계 영화인들의 사랑을 받는 권위있는 영화제로 성장하고 있는 이유는 매우 단순하다. 김동호金東虎라는 인물이 있기 때문이다. 그의 지도력 하에 모든 것이 일사불란하게 움직이고 잡다한 관의 세력이 개입하지 않기 때문이다. 관官이 도움의 밑받침일 뿐 그 앞에서 군림할 수 없기 때문이다. 나는 그가 영진(영화진흥공사) 사장을 하고 있던 시절에 임권택 감독과 함께 몇 번 조용히 식사를 나눈 적이 있다. 그는 아주 정통 엘리트 관료 출신이면서도 매우 겸손하고 푸근하며 매사에 가슴이 열려있다. 언행이 타인의 반감을 사지 않는다. 결정적인 것은 그의 인품의 문제라기보다는 합리성을 지향하는 개방정신에 있다. 작은 일도 묻고 상의해가면서 모든 사람이 수긍할 수 있는 개선책을 찾아내기 때문이다. 그리고 그라스 루츠의 합리적 생각을 가급적 수용하려는 자세가 있다. 그리고 관계된 사람들의 존경을 얻는다. 물론 그만큼 그에게는 청빈의 원칙이 있기 때문에 그 자리를 유지할 것이다. 영화인들의 존경과 사랑을 받기 때문에 영화인들의 협조가 쉽게 이루어지고, 또 주민들의 바램이 날로 상생효과를 일으킨다. 그리고 권위가 확보되면서 국제적인 성가聲價가 높아

지니까 그만큼 가치있는 새로운 국면들이 전개된다. 부산국제영화제는 우리나라의 합리성의 한 모델 케이스로 간주되고 연구되어야 할 것이다.

※ 그에 비하면 광주비엔날레는, 김동호와 같은 일관되게 주도하는 인물이 없다. 그때 그때 임명된 총 지휘자를 관료들이 하수인 취급하는 것이다. 그래서 날로 잡음이 끓고 쇠락해갈 수밖에 없다. 관이 주도하는 예술제란 있을 수가 없다. 그리고 관이 주도하지 않을 때는, 완벽한 카리스마를 확보한 리더가 없으면 조직은 와해되고 효율은 떨어지고 쌈박질만 계속되고 작품의 질은 떨어진다. 인기가 없어지니 사람이 모일 턱이 없다. 전라도 사람들은 기나긴 압제의 타성 때문에 그들 스스로를 압제의 사슬 속에 집어넣는 경향이 있다. 서로 물고뜯는 것이다. 피동적 뭉침만 있고 능동적 개방이 없다. 미래의 창조를 위한 뭉침이 없는 것이다. 세계의 미술인에게 사랑받는 빛고을 비엔날레로 다시 태어나기 위한 혁명적 노력이 필요하다. 기초가 쌓여있으니 생각만 바꾸면 되살아날 수 있다.

※ 도대체 새만금은 왜 막았는가? 영산강 하구언은 왜 트지 아니 하는가? "빛의 숲"은 왜 정당하게 합의된 아름다운 원안대로 진척되지 않는가? 대의大義를 위한 자기부정, 세속적 이득에 역행하여서라도 구원한 진리를 구현하려는 거시적 역발상이

없이 전라도는 조선민족의 미래를 리드할 길 없다.

＊ 쿄오토京都에는 토오쿄오대학東京大學을 능가하는 쿄오토대학京都大學이 있다. 전라도에 그러한 수준높은 문화·교육의 센터가 자생적으로 육성되지 않는 한, 그 밝은 미래를 보장할 길이 없다.

＊ 전라도라는 에너지는 우리나라 정치사의 중요한 함수인데 그 실상을 들여다보면 가슴이 답답할 뿐이다. 전라도 동포들이여! 인물을 끌어내리지 말고 인물을 키워라! 탁월한 리더의 혁명이 필요한 고장! 가짜 인재들이 우글거리는 고장! 그래서 메시아니즘이 깊어만 가는 고을, 그 빛고을의 빛을 기다리는 마음은 점점 어두워져만 간다. 전라도가 혁명될 때 비로소 우리나라는 천리天理를 구현케 되리라.

＊ 복식服飾의 역사는 인류문명의 역사와 궤를 같이한다. 복식은 언어발생 이후의 사태일 것이다. 복식의 양태와 문명의 양태는 상응한다.

＊ 인지의 발달과 도구의 사용은 인간의 삶의 영역을 확대시켰고, 인간이 몸의 털만으로는 견딜 수 없는 환경을 해후케 된다. 그래서 착복이 생겨났고 모발은 퇴화되었다.

＊ 계급과 신분이 분화되면서 복식은 실용적 효용에서 발전하여 심미적 차원을 추구하게 되었다.

＊ 문명 속의 인간은 "옷을 입은 존재"이다.

＊ 영암의 월출산은 조선땅의 축소판이다. 도선은 어려서부터 월출산에서 한 민족의 국토라는 유기체를 전관全觀할 수 있었다. 삼국시대까지는 통일된 국토의 관념이 없었다. 고려에 접어들어 비로소 민족과 국토의 관념이 생겨났다고 볼 수 있다.

고산의 아침안개 영암을 둘러있다
-조선후기 단가 "호남가" 중에서-

10月 13日(火)

　＊ 언어란 사용자가 그것을 통하여 무례를 범하지 않으면 되는 것이지 언어 자체에 거룩주의가 있는 것은 아니다. 잠결에 퍼득 이런 생각이 들면서 눈을 떴다. 수탉 메시가 열심히 새벽 기운을 가르며 울고 있었다.

　＊ 올해 한국 날씨는 독특한 변화를 보여주었다. 장마철이 사라진 것이다. 꼭 캄보디아의 날씨 같다는 생각이 들었다. 갑자기 집중호우가 퍼붓고 날이 개곤 했다. 태풍도 오지 않았다. 그리고 보통 9월달에는 찬 바람이 불면서 잠을 깊게 자기 마련인데 무척 더운 열대야 현상이 계속 되었다. 지구온난화로 열대의 조건이 북상北上한 것이다. 나는 9월달이면 깊은 잠을 자기 시작하면서 집필의 효율성이 높아지곤 했는데 9월달에도 더위로 잠을 이룰 수 없었다. 이불로 체온이 조절되지 않는 것이다. 무엇을 걸치기만 하면 덥고, 차버리면 얼음장같이 몸이 시럽다. 10월달에 접어들면서 겨우 깊은잠이 들기 시작했다. 나는 요즈음 잠을 잘 잔다. 포근한 솜이불을 어깨까지 덮고 밤새 깨지않고 자는 것이 나의 삶의 이데아이다. 나는 이불을 덮을 때 엄마 품속으

로 들어간다. 그리고 엄마에게 모든 것을 용서할 수 있게 해달라고 빈다. 누구에게든지 "엄마"야말로 진정한 "하나님"이다.

　＊ 봉혜가 나의 엄마의 화신化身이라는 생각이 자꾸 든다. 불교에서 말하는 윤회를 나는 믿지 않지만, 나에게 나타난 봉혜는 조촐하고 소담하고 단호한 모습이 나의 엄마를 닮았다. 항상 자식을 위해 희생하고 하루종일 쉬지 않고 일하는 봉혜, 끊임없이 나의 엄마를 연상시킨다. 화려하지 않은 털 빛, 그리고 조그맣게 과시적이지 않은 볏의 모습, 늙어갈수록 꼿꼿이 몸을 세우는 자세도 그러하다.

　＊ 봉혜는 새끼를 부화시킨 이후로는 철저히 새끼에게 헌신한다. 새끼들을 완벽하게 품속에 보호한다. 그리고 먹이가 있으면 반드시 먼저 새끼들에게 준다. 부리로 쪼은 먹이를 이리저리 놓아 새끼들에게 분배해준다. 특히 새끼들의 성장에 필요하다고 판단되는 멸치나 동물성 모이는 완벽하게 새끼들에게 주고 자기는 취하지 않는다. 새끼들이 배불러 더 이상 먹지 않을 때 비로소 약간의, 그것도 매우 소량의 곡류만을 취한다. 그래서 새끼와 같이 사는 동안은 볏이 죽어있다. 볏의 빨간 빛이 지푸라기 색깔 같이 죽어있고 오그라붙어 누워있다. 그러다가 지난 배에는 46일만에 놀라운 사건이 벌어졌다. 하루아침에 돌변하여 새끼들을 다 쪼아버리고 자기 주변에 못오게 하고 자기 혼자 식

량을 취하는 것이다. 그렇게 해서 자식들을 독립시키고 자기도 독립했다. 금새 닭볏의 색깔이 붉게 돌아왔다. 그리고 노라처럼 둥지를 떠나 자기의 옛 둥지인 높은 측백나무 가지로 돌아갔다. 완전히 새끼들을 버린 것이다.

　＊ 봉혜의 이러한 표변은 나를 당황케 하고 슬프게 만들었다. 왜냐하면 아무리 자연이라 하더라도 새끼들이 어미를 그리워하고 어미 곁으로 다가가고 싶어했기 때문이다. 새끼들은 성장과정의 타성 때문에 어미의 그러한 표변한 태도를 이해할 리가 없다. 그러나 낮에 계림에서 다시 만나도 봉혜는 새끼들이 자기 주변에 얼씬거리지도 못하도록 사납게 쪼아댔다. 일말의 여정餘情도 없었다. 완벽한 헌신에서 완벽한 대자적 해탈의 사이에서 나는 무엇을 선택해야 할지를 몰랐다. 나 자신 인정人情에 끌린 동물이었기 때문이다.

　＊ 그런데 요번 두배째의 상황은 첫배와는 좀 다르다. 첫배는 다섯 마리가 부화되었고 두배째는 열한 마리가 부화되었다. 우선 새끼 숫자가 두 배가 더 된다. 다섯 마리(바로, 길가, 메시, 오시, 리즈)가 클 때는 매우 오순도순했고 새끼들이 엄마 곁을 떠나지 않았다. 그런데 열한 마리 다중의 행동패턴은 매우 다르다. 봉혜는 아주 새끼시절부터 열한 마리를 다 장악하기 힘들었다. 그리고 열한 마리는 제각기 독립적으로 행동하는 편이고 매우 기민

하고 부산하다. 고분고분하지가 않은 것이다. 첫배보다 두배 무리가 훨씬 더 액티브하고 날기도 무섭게 잘 난다. 그리고 먹이도 엄마 부리를 통하지 않고도 자기 스스로 취하는 경향이 강하다.

＊ 두배(구월이들)가 오늘로서 35일이 되었는데 한 열흘 후면 봉혜가 또다시 이 놈을 쪼아 독립시킬지 두고 볼 일이다. 관전 포인트인 것이다. 그런데 봉혜가 꽁지깃털을 다 뽑아버리고 난 후부터는 약간 새끼들과 함께 먹는 경향이 있다. 새끼들에게 완벽하게 헌신하지는 않는 것이다. 새끼들을 반드시 먼저 먹이고 나서야 먹는 것이 아니라 새끼들과 같이 먹는 광경이 목도된다. 그리고 새끼들도 첫배보다 더 독립적이니까 … 요번 봉혜의 "이별"이 어떤 광경일지 참 궁금하다.

＊ 동숭동에 멸치국수집 주인이 내 책도 읽었고 의식있는 지성인이다. 동숭동 대학로의 음식점이 대부분 화학조미료에 쩔어있고, 저품질 고가격의 집뿐이라서 젊은이들의 건강이 상하기 쉽다. 그래서 고품질 저가격의 부담없고 건강한 음식점을 생각해냈다. 그래서 순수 멸치국물의 국수를 불과 3,000원 가격에 판매하는 집을 열었다. 혜화동 로타리쪽에 가까운 대학로 대로변에 있다: "멸치국수 잘하는 집." 지하의 작은 공간을 활용하여 렌트비용을 줄이고 식권을 기계로 뽑게 하고 완전 셀프서비스로 만들어 일손을 줄였다. 그러나 3천 원짜리 국수의 내용

물은 매우 훌륭하다. 그리고 과도하게 먹을 필요없는 요즈음 세상에서는 국수 한 그릇이면 한 끼가 충분하다.

＊ 그 집에서 쓰고 남는 멸치를 얻어다 닭 모이로 준다. 그런데 멸치가 너무 많다. 그래서 지붕에 널어 말리고 있다. 바싹 말려서 올 겨울을 날 사료를 장만하고 있다. 나는 닭에게 일상적 음식 이외로는 제품화된 사료를 절대 주지 않는다. 항생제나 인공첨가물을 닭에게 먹일 수 없기 때문이다.

＊ 나는 원래 생계란 먹는 것을 즐겼는데 요즈음은 달걀 프라이도 먹지 못한다. 달걀 속에 그토록 정교한 생명이 들어있다는 것을 생각하면 너무 끔찍한 파괴라는 생각이 들기 때문에 자연히 손이 가질 않는다.

＊ 새끼가 태어났을 때는 그 털 색깔이 모두 하얗거나 연하여 비슷비슷하다. 그런데 커가면서 모두 제각기 다른 빛깔을 낸다. 그 털의 변해가는 모습을 관찰하는 것은 정말 경이롭다.

＊ 우리집 닭은 완전 방사放飼할 뿐 아니라 자연식만 먹이기 때문에 그런지 털의 빛깔이 너무 곱고 찬란하다. 강렬하게 선명한 빛깔이 눈부신 기를 방출한다. 특히 닭볏의 붉은색은 무엇으로도 만들 수 없는, 우리 눈이 경험할 수 있는 가장 아름다운 붉

은색이라는 느낌이 든다. 아침햇살이 역광으로 비칠 때 그 닭볏의 붉음은 형언할 수 없는 깊이가 있다. 한예종 옆 경종 묘역을 거닐다가 역광에 비치는 아름다운 가을 낙엽의 붉음에 찬탄의 혀를 찬 적이 있었는데 닭볏의 붉음은 단풍보다 훨씬 더 도타운 깊이가 있다. 그리고 닭 깃털의 아름다움은 흰색으로부터 까만색 까지 모든 가능한 색깔이 다 들어있다는 데 있다. 닭의 깃털처럼 한 종 안에서 다양한 색깔을 과시하는 생명체도 흔치 않을 것이다.

＊ 며칠 전에 대만에서 우인友人 주 리시朱立熙선생이 다녀갔는데, 우리집 닭을 보더니, 곧바로 대만에서는 국가가 보호하는 천연기념물인 "즈지雉鷄"와 같다고 했다.

＊ 프린스턴대학의 윤리학 교수 피터 싱어가 날 보고 닭공장엘 한번 데려가 보여주고 싶다고 말한 적이 있다. 얼마나 참혹한 부자연상태에서 그들이 생명을 유지하고 있는지, 왜 인간이 같은 생명을 그토록 처참하게 억압하면서 자신들의 생명을 유지해야 하는지 이해하기 어렵다는 것이다. 그는 인간이 저능아에 대해서는 불합리하리만큼 그들의 인권을 보호하는 법률을 제정하면서 저능아보다 훨씬 더 지능이 높고 기억력과 분별력과 희노애락의 감정을 지닌 유인원이나 기타 동물들을 아무렇게나 살해해도 일말의 양심의 가책이나 법률의 저촉이 없는 상

황에 대한 윤리적 근거를 뒷받침하기 어렵다고 말한다. 그의 윤리학설은 그가 철저한 채식론자라는 사실과도 관련되어 있다. 그의 논리는 정연하지만 그것이 개장국 먹는 문화는 야만으로 치부하면서 하바드대학 교수식당에서 말고기 스테이크를 엔죠이하고 있는 서구인들의 허위의식을 정당화할 수는 없다. 그의 논리가 페트애호가들의 이데올로기로 오해되어서는 아니 된다.

* 페트(pet)를 방안이나 아파트에서 끼고 사는 사람들은 인간에 대한 결손된 사유가 있다. 그것은 결코 생명존중이 아니다. 생명을 도구화하는 졸렬한 삶의 행태이다. 동물은 인간의 사적 공간에서 인간의 호오를 위하여 존재해서는 아니 된다.

* 페트를 키울 에너지를 인간을 위한 사회적 노동으로 전환하여 삶의 보람을 찾아라. 개나 고양이에 대한 집착은 사랑이 아니다.

* 개의 인간에 대한 일방적 복종과 따름은 타자의 복종을 사랑하는 인간의 가장 천박한 마스터베이션에 불과하다. 반항할 줄 아는 인간이 고귀한 것이다.

* 모든 인간의 진리는 중용中庸을 떠날 수 없다. 희랍인들이 말한 적도(適度, *to metrion*)라는 것도 중용과 대차가 없다. 그

러나 희랍인들은 중용을 또다시 이데아화化시켜 버린다는 데 그들의 문제가 있다. 플라톤의 중용은 궁극적 원리인 선(善, to agathon)의 이데아가 사물이나 사태 속에 구현되는 형식이다. 그러나 유교의 중용은 철저히 상황적이고 내재적이며 현상적이며 선의 이데아를 논리적으로 전제하지 않는다. 서구인들은 희랍의 고전세계로부터 이미 철저히 관념의 노예가 되었다. 그러나 동방인들은 선재하는 관념으로써 나의 실존을 규정하지 않는다. 중용은 끊임없는 실존의 과제상황이다.『중용』은 말한다: "시퍼런 칼날은 밟을 수 있어도 중용은 일상적으로 실천하기 어렵다. 白刃可蹈也, 中庸不可能也。"

* 첫배(유월이) 중에 "메시"라는 수탉이 있다. 몸집도 가장 작은데 가장 카리스마가 강하여 나머지 네 마리를 모두 확고하게 제압한다. 그런데 메시는 하루종일 울어제키는 기이한 습성이 있다. 어려서 나는 엄마와 더불어 많은 닭을 키워봤는데 이토록 하루종일 울어대는 닭은 경험해본 적이 없다. 하루에 평균 300회 이상 울 것이다. 그런데 이 닭 때문에 문제가 발생했다. 새벽 4시부터 울어제키니까 동네 아파트에서 항의가 들어왔다. 새벽에 겨우 잠드려는데 메시 울음 때문에 잘 수가 없다는 것이다. 나는 그 항의가 정당하다고 생각했다. 요즈음은 수험생들이 많아 밤늦게 공부하는 아동들도 많고, 밤일을 하는 사람들도 있을 것이다. 그래서 밤에 곤히 자고있는 메시를 닭장에서 잡아다

가 방음장치가 된 곳에다 가두어 재우고 아침 8시 이후에 내놓기 시작했다. 낮에 우는 것은 동네사람들이 항의할 수 없다. 온갖 도시 소음이 많기 때문에 닭소리만을 꼬집어 항의할 수는 없기 때문이다. 그리고 동네에서 메시 소리를 사랑하는 인구가 많이 생겨났다. 메시 소리 때문에 사는 재미가 생겼다는 것이다. 계명鷄鳴은 농경문화의 낭만을 간직하고 있기 때문이다.

* 그런데 방음방 속에서도 이 놈은 4시부터 8시까지 계속 운다. 그리고 8시가 되어 풀려나면 곧바로 계림으로 달려가 그곳에서 가장 높은 바위 위로 올라가 목청을 가다듬고 자세를 잡은 다음 목을 길게 뽑아 하늘을 향해 신나게 울어제킨다. 새벽의 갇힘이 몹시 답답했을 것이다.

* 메시의 울음은 한결같이 계속되고 있다. 그것은 고조선시대로부터 내려온 우리 삶의 낭만이다.

* 그런데 또 문제가 생겼다. "리즈"라는 놈이 매우 몸집이 큰 흰색의 장닭인데 이 놈조차 울기 시작한 것이다. 그러나 리즈는 새벽에 울어도 타인의 수면을 방해할 정도로 크게 울지 않고 울음의 길이가 짧을 뿐 아니라, 음색이 매우 굵고 낮다. 메시를 소프라노라면 리즈는 알토 정도 된다. 그런데 요즈음 재미있는 현상이 벌어지고 있다. 메시가 리즈의 울음을 계속 유도하면서 자

기의 울음에 화답하게 만드는 것이다. 메시와 리즈의 이중창은 참 듣기가 좋다. 주거니 받거니 하면서 우는데 계림의 잼 쎄션(jam session)이라 해야할까?

계림 정상에서 매일 어김없이 울어제키는 메시

※ 아직 나머지 두 마리, 바로와 길가가 울지 않는데, 제발 이들이 울지 않기만을 천지신명께 빈다.

　※ 많은 사람들이 "새대가리"니 "닭대가리"니 하여, 닭 머리의 작은 형태를 빌미로 지능이 낮다는 뜻으로 그런 말을 쓴다. 과연 닭이 머리가 나쁠까? 동물에 관하여 머리가 좋다, 나쁘다라는 인간의 판단은 순전히 인간화되어있다. 즉 인간지능의 상징성이나 기억능력을 중심으로 인간지능에 가깝게 오는 것을 머리가 좋다 하고, 가깝게 오지 않는 것을 머리가 나쁘다고 말하는 것이다. 닭의 머리는 인간을 닮지 않았다. 그래서 사람의 말을 듣지 않는다. 개의 머리는 사람을 닮았다. 그래서 우리의 말을 잘 듣는다. 그리고 기억능력도 탁월하다. 개는 "준사람"이기 때문에, 사람이 개를 키우면서 새롭게 느낄 바가 별로 없다. 못난 사람 하나 키우는 것 같아 새로운 정보가 없는 것이다. 그러나 닭의 경우, 행동패턴이 인간화되어 있지 않다. 그리고 우리가 보기에 매우 성급하고 아둔한 행동이 많다. 그러나 그들은 인간화되어 있지 않기 때문에 더 많은 새로운 정보를 우리에게 준다. 자연의 리듬을 존중하며 천리天理에 따라 살기 때문에 그 오묘한 천지지심天地之心이 그대로 드러난다. 도심道心이나 천리天理는 인심人心과 단절된 곳에 있다. 그렇지 아니 하면 그것은 도심道心이 아니다. 인심人心과 연속적 관계에 있는 순화된 형태로서의 도심道心은 인심人心의 변태變態일 뿐이다. 나는 봉혜를 키우면서

너무도 많은 것을 배웠다. 나는 어려서 개를 많이 키웠다. 천안 남산 옆 수도산 가는 길목에 있던 소전·닭전에서 강아지를 사다 키웠다. 그리고 개훈련도 많이 시켰다. 그러나 봉혜를 키우면서 비로소 천지天地의 이법理法을 말할 수 있게 되었다.

* 하나님을 신앙하는 자들이여! 진정 하나님이 존재한다는 것을 알고 싶거든 하나님의 존재를 봉혜에게 물어라! 봉혜가 하나님을 알지 못한다면 하나님은 존재하지 않는 것이다. 비트겐슈타인(Ludwig Wittgenstein, 1889~1951)이 말할 수 없는 것에 대하여 침묵할지어다(Whereof one cannot speak, thereof one must be silent.)라고 말했는데 나는 말한다: **"봉혜의 침묵은 웅변이다."**

* 며칠 전에 어느 불교 신문 기자가 나에게 이와 같이 물었다: "선생님께서는 저술만 해도 60권에 이르고 지금도 끊임없이 왕성한 글쓰기를 하고 계십니다. 매일매일 정진하는 삶의 자세가 없이는 감내하기 어려운 일입니다. 무엇이 그토록 정진할 수 있는 에너지를 제공합니까? 무위도식하는 사람들도 많은데 어떻게 그렇게 열심히 사실 수가 있습니까?" 평범한 질문 같지만 언뜻 대답하기가 매우 어려웠다. 사실 나는 매일 하루도 빼놓지 않고 공부하고 새로운 지식에 노출된다. 짙은 노동의 시간이 없이 하루가 지나가는 법은 없다. 때로 나는 나 자신의 생활방식에 관하여 회의도 든다. 까페 같은 데 앉아서 희희덕거리는 사

람들이 부럽게도 보인다. 나는 왜 저렇게 한적한 시간을 보낼 수가 없는가? 나는 어떤 성취욕에 사로잡혀 있는 사람은 아니지만 최소한 하루하루 무엇인가 이상理想을 향해, 추구하는 삶을 살고 있는 것은 확실하다. 무엇인가 가치있는 일을 하지 않으면 못배기는 것이다. 그런 긴박한 감정 없이 사는 사람들이 부럽기도 하지만 잘 이해되지 않는다. 왜 나는 "추구하는 사람"이 되었을까? 추구하지 않으면 안되나? 며칠간 이 문제를 생각해보았는데 나의 결론은 매우 간단했다.

＊ 역시 "추구하는 삶"은 나의 엄마에게서 배운 것이다. 나의 엄마는 항상 무엇에 매달리듯이 살았다. 하나님에게 매달리고, 자녀교육에 매달리고, 조국의 미래에 매달리며 절규하는 모습으로 살았다. 항상 책 보고 노동하며 쉬는 법이 없었다. 우리 엄마도 물론 완벽하지 않다. 며느리에게 가혹했고 자기 자식들을 너무 감싸 길렀다. 그러나 자녀들이 고매한 이상을 감지하도록 스스로 고매한 이상을 추구하며 사는 모습을 늦춘 법이 없었다. 그러한 엄마의 모습이 그냥 나에게 이전된 것이다. 자녀교육을 위해 삼천三遷을 한 맹모孟母나 자식의 수업자세에 근원적 반성을 촉구하기 위해 떡을 썰었다는 한호韓濩의 엄마나, 자신의 어두운 현실 속에서 한줄기 빛을 발견하기 위하여 끊임없이 노력한 수없는 조선여인들의 노력으로 그나마 나와 같이 매일매일 공부하고 사는 사람이 태어난 것이다. 자랑스러울 것은 없으나

꾸밈없는 사실이기에 적는다.

10月 14日(水)

* 인간은 심오한 타인他人의 내면에 직접 간여하면 안된다.

* 도시에서 사는 삶의 가장 큰 문제 중의 하나가 소음공해이다. 그런데 요즈음 젊은이들은 소음으로 타인의 사생활에 피해를 입히는 것에 관하여 그것이 잘못된 것이라는 생각이 부족하다. 아니, 거의 없다고 말해도 과언이 아니다. 새벽 3·4시에도 창밖으로 크게 소리지르고 남의 집 정원을 마음대로 내다보고 … 이런 것들이 법적으로 금지되어 있는 상황일 것이나 어찌 이들을 법으로 가르칠 수 있겠는가? 어려서 어머니가 예禮로써 가르쳐야 할 문제들인데, 이런 기초적 소양이 부재한 것이다. 이것은 "기살리기"의 문제가 아니라 민주사회의 기본원칙을 망각한 것이다. 민주사회 시민의 가장 기본적 윤리는 "협동"(Cooperation)이다. 나의 쾌락이나 편함을 위하여 타인에게 고통을 주거나 타인의 삶을 수단화할 수는 없는 것이다. "기살린다"면서 자녀에게 이러한 윤리를 못가르치는 엄마는 모두 파렴치한 범죄자들이다. 강남 아파트에 사는 상당수의 때깔만 좋은 여인들이 이런 범죄자일 것이다. 공자는 말했다: "정령으로써 이끌고 형벌로써 가지런히 하면, 백성들이 면하기만 할 뿐이요 부

끄러움이 없다. 그러나 덕으로써 이끌고 예로써 가지런히 하면 사람들이 부끄러움이 있을 뿐 아니라 떳떳해진다. 道之以政, 齊之以刑, 民免而無恥; 道之以德, 齊之以禮, 有恥且格."

* 옆에 학생들이 공부하는 건물이 있는데 내가 공부하는 곳 마당이 빤히 내려다 보인다. 담이 그 건물 창이라고 할 수 있을 정도로 개방되어 있다. 나는 닭을 돌보거나 수평을 하기 위해 정원을 나가는데 학생들이 창문에 기대어 나를 내려다보며 이야기를 나눈다. 그리고 때로는 우리 마당으로 담배꽁초를 내버리기도 한다. 정원이 보이더라도 주인이 있을 때는 쳐다보기를 삼가는 것이 예의라는 생각이 없는 것이다. 상당히 커트라인이 높은 곳에 들어간 우수한 대학생들인데 도무지 그 정도의 상식이 없다. 그렇다고 내가 창문에다 대고 그들을 야단칠 수도 없다. 그들과 같이 지내는 교수님들이 그런 문제에 관해 학생들에게 한번 귀뜸만 해주어도 결코 학생들이 그렇게 행동하지는 않을 것 같은데 … 결국 우리 사회는 소신 있는 교육자가 부족한 것이다. 교육에 신념을 가지고 헌신하는 교수가 희소한 것이다. 하극상의 전반적 분위기 속에서 교수들의 권위를 존중하지 않는 시대풍조 또한 잘못된 것이지만.

* 그렇다고 요즈음의 젊은이들이 우리세대보다 못하고 도덕적으로 타락했다고 나는 결코 말하지 싶지는 않다. 우리나라 젊

은이들이 나의 세대보다는 대체적으로 훨씬 더 훌륭하다. 우선 경직되어 있지 않고 비틀어져 있질 않으니 순수하고 순진하다. 그리고 더 창조적이다. 단지 도덕이나 예의에 대한 기본관념이나 철학이 전달되어 있지 않을 뿐이다. 도덕이란 규범적 제약이 아니라, 스스로 만들어가는 질서이며 음악·예술처럼 아름다운 것이며, 삶과 사회의 건강을 위하여 절대 필요한 것이라는 관념을 어려서부터 가르쳐주는 부모와 선생과 교수가 별로 없는 것이다. 비부悲夫!

※ 나의 발꼬락에 관해서는 신비가 많다. 두 번째 발꼬락이 유난히 솟아올라 어렸을 때부터 그곳 양말이 빵꾸가 나곤 했지만, 요즈음 나를 괴롭히는 것은 왼쪽 발 네 번째 발가락, 그러니까 새끼발가락 옆에 있는 놈이다. 이 놈은 전혀 주변에 비하여 튀어오르지도 않았고, 오른발에 비해 비대칭적인 것도 아무 것도 없다. 그런데 등산화를 신고 산에 오르기만 하면 꼭 그 발가락 하나만 피멍이 들어 발톱이 빠지곤 하는 것이다. 아무리 신발을 바꾸어도 꼭 그 발가락만 피멍이 든다. 아무리 생각해도 신비롭다. 평상시 신발 신을 때는 별일이 없었는데 오늘 아침 그 발가락을 보다가 허옇게 핏기가 없이 그 발톱이 죽어가는 색깔이다. 그래서 손으로 열심히 마사지를 했더니 약간 발가스레 핏기가 돌아온다. 손톱·발톱의 아름다운 색깔을 늙어서 유지한다는 것은 참으로 어려운 일이다. 오른쪽 엄지발가락에는 발톱에 무좀 기운이 있어 뚜진(Tujin)이라는 한방계열의 약을 계속 발랐더니

개선되고 있다. 나는 『효경』 전체에서 "신체발부身體髮膚, 수지부모受之父母, 불감훼상不敢毀傷"이라는 이 한마디는 참으로 소중한 금언이라고 생각한다. 증자曾子를 내가 별로 높게 평가하지는 않는 편이나,「태백」편에 나오는 그의 임종장면은 참으로 감동적이다. 임종 직전에 문중의 제자들을 불러 죽음의 침상에서 다음과 같이 말한다: "이불을 열어 내 발을 보아라! 이불을 열어 내 손을 보아라! '벌벌 떠네, 오들오들. 깊은 연못에 임한 듯, 엷은 얼음 위를 걸어가듯.' 시(詩)에 이런 노래가 있지 않니. 아~ 이 순간 이후에나, 나는 비로소 온전한 몸을 지키는 근심에서 벗어나게 되었노라! 아해들아! 啓予足! 啓予手! 詩云, '戰戰兢兢, 如臨深淵, 如履薄氷.' 而今而後, 吾知免夫! 小子!" 전전긍긍 죽을 때까지 내 몸을 깨끗이 지켜 부모님께 온전히 되돌리는 것은 참으로 어려운 일이다. 나도 죽을 때 "비로소 전전긍긍 내 몸을 지키는 근심에서 벗어나게 되었다"라는 생각이 들 것 같다. 나는 아직도 발꿈치가 어린애 발꿈치처럼 말랑말랑하고 깨끗하다. 군더덕살이 끼지 않았다.

＊ 매일 밤 메시와 대격투를 벌인다. 메시가 새벽에 울기 때문에 밤에 잡아서 방음방에 넣어야 하는데, 메시는 동료들을 떠나 격리되는 것을 엄청 공포스러워 한다. 우리는 밤에 닭장에 들어가 메시를 잡아야 한다. 닭은 밤눈이 어두운 것으로 되어있다. 그러나 메시는 다르다. 다섯 마리가 항상 횃대 가지 위에서 잠

을 자는데 자기를 잡으러 들어오는 사람을 피하는 방식이 너무도 다양하다. 그리고 밤마다 다른 전략을 편다. 어떤 때는 쥐죽은 듯이 가만히 있기도 하고, 어떤 때는 먼저 뛰어내리기도 하고, 어떤 때는 동료 사이로 숨고, 어떤 때는 몸을 날려 문을 때려서 탈출을 시도하기도 하고, 하여튼 그 전략이 매일 밤 다르다. 가련하지만 하는 수 없다. 어제 밤은 최악의 사태가 벌어졌다. 닭장 속에 또 작은 닭장이 있는데 그것을 괸 나무 사이의 비좁은 공간으로 억지로 몸을 쑤시고 들어갔다. 나중에 만져보니 몸이 끼어 피가 안 통해 따뜻하던 닭볏이 싸늘해져 있었다.

＊ 얼마 전 어느 불교신문에서 나의 『효경』에 관해서 인터뷰를 하겠다고 해서, 나는 책에 대한 사명감 때문에, 어느 스님의 특별한 부탁도 있고 해서 즐겁게 응했는데, 그 기자의 생각과 자세가 매우 훌륭했다. 그래서 너무도 좋은 호감을 가지게 되었다. 생각이 매우 진보적이었고 불교계의 문제점을 통렬히 인식하고 있었다. 그런데 오늘 그 신문이 날아들어 펼쳐보니 조금 실망스러운 기사였다. 인터뷰를 괜히 했다는 생각이 들었다. 이 세상사람들이 나를 내가 생각하는 대로 기술하리라고 기대하는 것은 넌센스다. 그러나 기술자 자신의 정확한 정보수집능력과 논리전개능력, 분위기파악능력, 주제전달능력은 나의 문제가 아니라 기술자 자신의 문제이다. 너무도 초보적인 고유명사의 오류가 있고 응당 전달해야 할 핵심적 주제는 전달하지 않고

있다. 평범한 나의 언사의 축약방식도 진행되다가 뚝 끊기고 만다. 그리고 논리가 그 기자 본인의 투철한 의식을 반영하고 있질 않다. 나를 만나더니 "산사에서 사시는 고승이라고 하는 사람들보다 더 스님처럼 사시네요"라고 말했는데 아마도 그 기자의 진실이 담긴 느낌이었을 것이다. 그런데 나에 대한 호칭도 천박하게 아무개씨로 일관했다. 불교계의 사람들에게 "스님"이라고 말하면 좋아하고 "큰스님"이라고 말하면 더 좋아하고, "중"이라 말하면 죽일놈이라 성내고, 어떤 때는 "화상和尚"이라 말해도 불쾌한 표정을 짓는다. 자기들은 어린 승려들까지도 다 스님이라고 말하면서 존칭을 쓴다. 총무원장 큰스님을 "지관智冠씨"라고 호칭하는 것이 결례라고 생각할 줄 아는 사람들이라면 왜 나에게는 "선생님"이라고 말하지 못하는가? "선생님"이라고 말하기 곤란하면 왜 나의 정당한 "교수"라는 호칭을 쓰지 않고 아무개씨라고 마구 비하하는가?

✽ 나는 결심했다. 죽을 때까지 나를 "선생님"이라 부르지 아니 하는 불교계 언론과는 대면도 하지 않겠다. 자신을 높이면서 타인을 낮추려는 불자들의 아만我慢은 우리나라 불교계의 열등의식의 고질적 표출이다. 나뿐만 아니라 응당 대접해야 할 사람들을 『금강경』처럼 소중하게 대접할 줄 모르는 불자들은 한마디로 불심이 없는 것이다. 뻬이후우悲夫!

＊ 나는 나와 관련된 모든 문서를 타인에게 우송하거나 인편으로 보낼 때 특별한 사적 경우를 빼놓고 봉투 위에 꼭 "○○○선생님"이라고 호칭한다. 얌체같이 "○○○님"이라고 쓰는 사람들이 많은데, 무엇 때문에 그렇게 존칭에 대해 인색한지 이해가 가지 않는다. 상대방에게 가급적인 최상의 존칭을 쓸 때 나에게 돌아오는 손해는 없다. 비즈니스를 하는 단체까지도 타인에 대한 존칭을 아낀다. 상업적 이익을 위하여 벼라별 짓을 다하는 사람들이 왜 이렇게 쉽고 돈되는 호의 하나를 베풀지 못하는지 알 수가 없다. 모든 비즈니스 레터 위에 "아무개 선생님"이라 써 보낸다 해서 잘못될 일이 무엇인가? 단지 관념의 질병이 아닐까?

＊ 우리사회에는 작은 일에서부터 "상호존중"을 위하여 개선할 점이 너무도 많다.

＊ 어리석은 사랑의 이야기, 그러면서 항상 그리운 사랑의 이야기! 이제 사랑에 대한 그리움 정도는 해탈할 때도 되지 않았는가!

＊ 주희의 위대한 점은 자기가 아는 것을 아주 쉽게 전달한다는 것이다. 주희는 애매하지 않게 그 근본의도를 명료하게 말한다. 그런데 우리나라의 주자학자들은 애매하고 명료하지 않다.

퇴계도 왜 "리발理發"이어야 하는지 그 현실적·사회적 맥락을 말하지 않는다. 그에 대한 논의는 모두 현대학자들의 추론일 뿐이다. 왜 리理·기氣를 말하고, 사단四端·칠정七情을 말해야 하는지 그 근원적인 자기입장을 자기가 처한 역사적 맥락 속에서 말하지 않았다. 그래서 퇴계와 고봉 이후의 모든 논쟁이 사회적 맥락을 상실했고 단지 개념만의 공리공론이 되고 말았다. 예송의 논의들도 그 근원적 정당성이 명료하게 부각되질 않는다. 그러나 주희 본인은 자기가 하고 있는 말이 무엇인지를 명료하게 알고 있는 사람이다. 그리고 자기가 주장하는 바가 과연 인간의 삶에 무엇을 의미하는지 매우 쉽게 전달하려고 노력했다. 조선왕조에는 주자의 예찬자만 있고 주자학자가 없다.

* 먼저 『대학』을 읽어 규모를 정하고, 다음으로 『논어』를 읽어 근본을 세우고, 다음으로 『맹자』를 읽어 발월發越을 보고, 다음으로 『중용』을 읽어 고인의 미묘처를 구하라. 주희의 명언이다. 某要人先讀大學, 以定其規模; 次讀論語, 以立其根本; 次讀孟子, 以觀其發越; 次讀中庸, 以求古人之微妙處。『朱子語類』卷第十四, 寓錄.

10月 15日(木)

* 천하지악天下之惡은 투현질능妬賢疾能보다 다多한 것이 없고, 천하지선天下之善은 호현낙선好賢樂善보다 대大한 것이 없다. 투현

질능치 아니 하면 악을 행한다 해도 그 악은 다多하지 아니 하며, 호현낙선치 아니 하면 선을 행한다 한들 그 선이 대大하지 아니 하다. 지나간 성현들의 말씀을 다 계고하여 보아도 천하의 수병受病은 모두 투현질능에서 나오고, 천하의 구병救病은 모두 호현낙선에서 나온다. 투현질능이야말로 천하에 병이 많이 생기게 하는 것이요 호현낙선이야말로 천하의 대약大藥이다. 이상은 동무東武 이제마李濟馬의 말이다. 내가 의과대학을 다니면서 이보다 더 가슴에 사무친 말은 없다. 어진 자를 질투하고 능력있는 자를 질시하는 인간의 마음이야말로 천하의 대병大病이요, 현명한 자를 대접하고 선한 자를 존중하는 인간의 마음이야말로 천하의 대약大藥이다. 이명박 정부의 치세는 "투현질능"이 한마디로 규정할 수도 있을 것 같다. 도무지 현능賢能의 충언에 귀를 기울이지 않는 것이다. 그래서 우리사회는 크게 병들어 가고 있다. 제발 "4대강정비사업"만은 아니 하기만을 간절히 빈다. 그러나 곧 할 모양이다. 왜? 권력자 한사람의 아집我執 때문이다. 그리고 주변 사람들이 그의 오판誤判을 다 알면서도 그것을 저지할 용기를 낼 수가 없다. 사람들이 용기를 잃어버린 이유는 아주 단순하다. 그가 모든 사람이 용기를 잃도록 만들었기 때문이다. 그의 독선은 진회秦檜나 여후呂后의 전횡처럼 집요한 것 같다. 그래서 아예 대적할 엄두가 안 나는 것이다. 그의 독선은 그의 사적 관념에서 나온다. 그 사적 관념을 활용하여 돈을 버는 사람들도 물론 많을 것이다. 그러나 그들도 이 민족의 대의와 국가대계를 위해 한번이라도 자신의 양지良知의 명령에 귀를 기울인다면 이 시점 국민의 갈망이 무엇인지 그들 스스로 알고 있을 것이다. 그것이 곧 천심天心이요 하나님의 명령이기 때문이다. 내가 후보시절에 그를 인터뷰했을 때에도 대운하와 같은 강에 관한 사업은 민자로만 할 것이며 자신은 대통령이 되면 엄정한 심사인의 입장에만 머물게 될 것이라고 힘주어 말했다. 그런데 민자이긴 커녕 입찰경쟁도 없이 국고를 털어 상위 20대 토목기업에게 턴키 방식으로 그냥 나눠준다니 도무지 이해하기 어려운 일이다. 지금이라도 대세를 바로잡아 4대강정비사업이나 그와 유사한 토목공사에 대한 발상을 접는다면 그는 행복한 대한민국을 만들 수 있을 것이다. 그가 4대강정비사업을 강행한다면 그는 대만의 아삐엔과 같은 처지에 몰릴 지도 모른다. 참으로 이대통령을 아끼는 사람들이 주변에 있다면 이런 무리한 사업은 못하게 해야 할텐데 안타깝기만 하다. 4대강정비사업 등 토건에 관한 모든 정부 사업에서 그의 친인척이나 그와 안면 있던 친구나 사업파트너나 연줄 있는 사람들이 일체 손을 대지 못하게 만들어야 할 것이다. 그리고 멀쩡하게 잘 돌아가고 있는 인천공항을 민간자본에게 넘기겠다는 논의도 참으로 이해하기 어려운 것이다.

* 21세기 현시점에서 강江정비란 1960년대의 고속도로와는 전혀 개념이 다르다. 강江이란 어디까지나 자연(自然: 스스로 그러

함, naturality)이요, 도로란 완벽한 유위(artificiality)의 소치이다. 자연과 유위를 혼동하는 것은 기초적 사유의 혼란이다. 자연은 스스로 그러한 이치를 존중하여 다스려야 하며 그것은 씨멘트 토목공사로서 이루어질 일이 아니다. 강을 준설하여 주변의 여백을 없애고 자연스러운 제방을 콘크리트 벽화하면 그 밖의 경지면적과도 자연스러운 지하 소통이 단절되어 방대한 토지가 황폐화 된다.

＊「학기」에 이런 말이 있다:"하·은·주 삼대의 제왕들이 물의 하나님에 제사지낼 때는 반드시 먼저 작은 상류 개천에 제사를 지내고 큰 강이나 바다는 나중에 제사 지낸다. 왜그런가? 작은 상류 개천이 근원이고 큰 강, 큰 바다는 말류이기 때문이다. 이것을 일컬어 근본을 힘쓴다고 하는 것이다. 此之謂務本。"이명박정부는 우리나라가 물부족 국가이며 또 홍수등 재난에 대비해야 한다는 명분을 세우지만, 그것은 객관적 자료에 의한 통계가 아니다. 우리나라는 결코 물부족 국가가 아니다. 그리고 요즈음은 98% 이상 제방사업이 잘되어 있어 홍수가 큰 강에서 나는 법이 별로 없다. 홍수의 재난은 산간지역이나 중소하천이나 도시 저지대의 문제이며 대강본류와는 관계가 없다. 강정비 사업을 할려면 이렇게 상류, 실개천, 산골짜기에서 해야 되는데 그런 사업은 돈만 들어가고 표시가 나질 않는다. 그래서 하지 않는 것이다. 그리고 그런 곳에는 대체로 가난한 사람들이 살기

때문에 사업의 대상이 되질 않는 것이다.

＊ 수질개선을 이유로 드는데 수질개선은 대강大江 본류에서는 할 수 없는 것이다. 모두 본류로 흘러들어오는 상류나 지류의 문제인데 이러한 지류에서 물정화사업을 하는 것은 개별화되어 표시가 나질 않는다. 이렇게 정작 필요한 사업은 외면되고 있고, 가끔 공장이나 농가만 때려잡어 수질을 어지럽힌다고 매스컴에 고발하여 티만 내고 있는 실정이다.

＊ 4대강정비사업의 핵심은 무엇인가? 결국 22개의 수중보를 만들어 담수능력을 막강하게 증대시킨다는 것인데 말이 수중보이지 6m~13m에 달하는 거대한 댐이다. 거대한 댐을 그것도 22개나 불과 2년안에 일시에 만들겠다는 것인데 어째서 이렇게 가공스러운 국토의 변화를 초래하는 거대사업을 예비 타당성조사나 문화재 지표조사도 없이 강행하겠다는 것일까? 아무리 생각해도 상식이하의 발상이 아닌가?

＊ 4대강정비사업이 완료되는 시점을 차기 대선의 시점과 맞추려는 시한부 계획은 도무지 무슨 꿍꿍이 속이 있는 것일까? 강정비로 보수정권의 유지가 확고해지리라고 믿고 있는가? 박근혜와 같은 정치인은 이토록 국가흥망과 관련된 중대한 사업에 과연 침묵만을 지켜야 할 것인가?

✳ 만약 야당이 이 사업을 저지하지 못한다면 그들은 모두 정치의 자리에 서있을 자격이 없다.

✳ 서구라파나 미국에서는 이러한 정비사업이 모든 생태하천의 개념을 도입하여 다시 다 뜯어내고 있는 실정인데 왜 우리나라만이 이렇게 터무니 없는 사업에 올인해야 하는가? 도대체 그 당위성이 국민에게 이해되고 있는가? 대한민국 국민 중, 제발 강정비를 해달라고 국가에 빌고 또 빌었던 사람이 몇천만분의 일이나 되는가? 왜 갑자기 이런 사태로 전국민이 소요에 휘말려야 하는가? 대운하 계획이 제기된 이래로 근원적인 발상에 오류가 있다는 것은 검증되고 또 검증된 사실이 아닌가? 왜 이러한 오류가 거국적으로 강행되어야 하는가? 당연히 국민투표라도 해야 할 사안이 아닌가?

✳ 인류는 모두 강주변으로 문명을 형성하여 왔다. 우리나라 역사유적도 모두 강을 중심으로 집결되어 있다. 요번 사업으로 지하의 역사유적이 엄청나게 파괴될 것이다.

✳ 골재는 사용거리가 70km만 넘어가면 운반비가 더 들기 때문에 상품가치가 없다. 휘발유값과 운전기사 인건비도 빠지지 않는다. 지방경제에 도움을 주고 36만 명 고용효과 운운하는데 이것은 천하의 넌센스. 지방건설업체는 고도의 중장비가 없기

때문에 참여하지도 못할 뿐 아니라 요즈음 대기업 운영방식은 현장에서 지방사람들이 함바집 해먹을 거리도 남기지 않는다.

＊ 4대강정비사업에 부수적으로 강주변에 고수부지를 많이 만든다고 한다. 구미에는 거대 운동장을 50개나 짓는다고 한다. 도무지 지금 그런 운동장을 지방에 그토록 많이 지어 무엇에 활용하겠다는 것인가?

＊ 영산강은 하구언을 터야만 모든 것이 해결되는데 수중보를 중간에 두개나 더 만든다니 도무지 알 수 없는 일이다. 그런 계획을 합리적으로 설명해 줄 수 있는 전문가가 아무도 없다. 한마디로 전시효과용 주먹구구식의 대공사인 것이다.

＊ 4대강정비사업은 대형교회 부흥회를 방불하는 성령사업 같다는 생각이 든다. 이러한 모든 부작용·불합리를 망각하고 4대강정비를 감행한다면 우리민족의 혈세血稅를 낭비하여 소수의 회뢰賄賂의 전대錢袋를 채우는 데 그치는 것이 아니라 일제日帝가 국토를 유린한 것보다 더 근원적으로 국토를 유린케 된다는 것이다. 한민족이 그 민족의 국체의 기반인 국토를 자기들의 고혈을 쥐어짜서 만든 혈세를 쏟아부어 유린한다는 것, 그 이상의 아이러니가 어디 있으랴! 강은 백사장의 허虛가 있어야 한다. 강을 연속적인 수중보체제로 만들면 대우大雨나 장마시에 보 콘트롤 체

계를 정교하게 작동시키지 않으면 오히려 홍수를 뛰어넘는 대재앙, 대란大亂이 일어날 수 있다. 국토에 대하여 우리가 할 수 있는 최고의 현처賢處는 인위의 장난을 막고 국토가 스스로 그러한 그 모습을 유지할 수 있도록 여백을 만들어 주는 것이다. 그 정비는 무형의 정비며 도선이 말한 풍수風水의 문제이다. 이명박대통령은 선각국사先覺國師 도선道詵에게 배워야 한다. 그렇지 아니 하면 그는 이 민족에게 무서운 재앙을 몰고오는 사람이 될 것이다. 나의 외침을 엘리야나 예레미야 선지의 외침만큼이라도 대접을 해주었으면 고맙겠으나, 귀가 열려있는 자, 마음이 열려있는 자, 그 주변에 누가 있으리오!

* 의학은 존재(Sein)와 당위(Sollen)의 통합이다. 의학은 인체라는 도덕체를 대상으로 하기 때문에 그 통합의 요청은 너무도 당연한 것이다.

* 도선道詵은 선禪이 국토國土의 선禪이 되어야 한다고 생각했다.

* 선禪이란 직지인심直指人心을 통해 불성佛性을 자각케 함으로써 사람의 병든 마음을 고치는 것이다. 도선의 선은 병든 국토를 비보사탑에 의하여 보사補瀉함으로써 국토의 병을 고치는 것이라고 생각했다. 국토의 병을 고침으로써 나말羅末의 혼란과 퇴폐상으로부터 백성의 도탄을 구제할 수 있다고 생각했다. 그

러나 그것은 신라의 현실적 패러다임으로는 이미 불가능하다고 생각되어 고려라는 미래의 패러다임을 나말에 이미 예언했던 것이다. 왕건도 도선이 그 탄생을 예견했고, 그 부친에게 왕건의 교육지침을 주었다. 왕건이 성장과정에서, 도선에게 찾아가 배웠을 가능성도 충분히 있다. 그래서 훈요십조 제2조가 도선의 설계대로 국토를 정비할 것을 명하는 내용을 담고 있는 것이다. 고려왕조는 조선왕조가 500년 장수를 뽐낸다 하지만 그보다 못지않은 장수를 누렸다. 오대五代 – 북송北宋(거란) – 남송南宋(金) – 몽고의 원元을 다 거쳤다. 그런데 재미있는 사실은 중국이 유학으로 표변하여 신유학 즉 도학의 학풍을 열었는데도 고려는 신라를 파멸에 이르게 한 불교佛教를 국시로 삼았다는 아이러니칼한 사실이다. 그 이유는 매우 단순하다. 도선이 새로운 고려불교 패러다임을 만들어주었기 때문이다.

* 오늘날 우리가 알고있는 국토의 모습은 결국 도선이 그 마스터 플랜을 짠 것이다. 송광사 · 해인사 · 도갑사 · 쌍계사 · 화엄사 · 연곡사 · 천은사 · 운주사 · 선암사 · 대홍사 · 도선사 · 봉원사 · 동학사 · 천안 성불사 · 봉곡사 · 유점사 · 황해도 성불사 · 함흥 개심사 등등 헤아릴 수 없을 정도로 많은 사찰이 모두 도선의 플랜에 의하여 세워진 것이다. 도선 때문에 신라불교가 다시 고려불교의 꽃을 피울 수 있었고 그래서 유학의 수입이 늦어진 것이다. 송유학宋儒學은 명나라시기에 해당되는 조선왕조에나 이르러

도선국사가 창건한 영암 월출산 도갑사. 주지 월우月佑스님 대웅보전 중창. 2009년.

극단적 반동의 형태로 나타났다. 그래서 유학의 500년이 전개되었지만 고려 500년이 있었기에 불교의 말살은 이루어질 수가 없었다. 조선불교도 도선의 패러다임 속에 있었다. 그래서 조선왕조 효종조에 도선비가 세워지는 것이다. 도선 때문에 신라불교가 500년을 더 갔고, 500년 조선유학의 반동이 생겨났으며, 500년 조선유학 때문에 또 조선말기로부터 격렬한 반동적 기독교가 태어난 것이다. 결국 도선 때문에 반동적 기독교의 전횡에도 불구하고 오늘 불교가 막강한 사회세력으로서 자리잡고 있는 것이다. 그래서 우리나라의 지성사는 현재 불佛·유儒·기基 정립鼎立시대로서 규정될 수 있다. 불유기佛儒基 정립 현상은 이 지구상 어느 문명에서도 그 유례를 찾아볼 수 없다. 이 대세의 마스터 플래너가 바로 도선이다. 도선은 일가一家의 흥망을 위하여 묘혈墓穴의 비결을 구한 자가 아니다. 도참의 요승으로 그를 곡해하는 민담은 척결되어야 한다. 그는 천하天下를 위하여 일국一國을 위하여, 중생衆生을 위하여 국토유기체론의 새로운 패러다임을 정립한 선풍禪風의 비조였다. 그는 무법법無法法, 무설설無說說의 정통선학을 토착화시킨 료공선사了空禪師였다.

* 도선과 이명박대통령의 차이는 명료해진다. 도선의 풍수는 유기체론적인데 반해 이대통령의 풍수는 무기물적이다. 도선의 풍수는 무형의 천리天理인데 반해 이대통령의 풍수는 유형의 토목설계이다. 도선의 풍수는 인세人勢와 문세文勢로 지세地勢를 움직이는데 이대통령의 풍수는 지세地勢를 조작하여 인세人勢와 문세文勢를 억압하려 한다. 도선의 풍수는 사리사욕을 떠난 보편주의인데 이대통령의 풍수는 사리사욕을 극대화하기 위한 국소주의다. 도선의 풍수는 국토의 병을 고치는데 이대통령의 풍수는 국토의 병을 심화시킨다. 도선의 풍수는 중생을 제도하는데 이대통령의 풍수는 중생에게 아포칼립스를 선사한다. 맥배스의 황량한 외침이 들려온다: 허러horror, 허러horror, 허러horror!

* 인간의 천연天然의 아름다움을 조작하는 성형외과술은 의학의 저주스러운 말악末惡이다. 4대강정비사업이 그러하다.

∗ 영산강 하구언을 소통시키지 않는 상태에서 과연 무슨 영산강 정비사업을 벌이겠다는 것인가? 궁극적 선善을 전제하지 않는 목전의 유위有爲는 전라도 민중에게 또다시 해악만을 가져올 것이다. 해수가 유통되면 영산강 수질이 개선된다는 대전제 하에서 모든 주변의 농토나 기타 대지의 새로운 적응이 이루어져야 한다. 농민들은 어리석게도 돈 못받을 걱정을 하는데 궁극적 개선이 이루어진다는 최선最善의 전제가 있으면 사업이 크게 벌어질수록 보상을 더 많이 받을 수도 있고 수입원도 더 커질 수 있다는 묘책妙策을 깨달아야 한다. 하구언을 막을 때는 갯벌의 세발낙지가 30원도 제대로 안됐으니까 농토가 귀하게 여겨졌다. 그러나 지금은 갯벌 현장에서 세발낙지가 3천원에 팔려나갈 뿐아니라 갯벌 그 모든 것이 황금덩어리다. 도대체 농토에서 뭔 돈을 벌겠다고 하구언 소통을 마다하는가!

∗ 동무東武는 인체를 바라보면서도 천기天機와 인사人事를 말했다. 천기로서 지방地方, 인륜人倫, 세회世會, 천시天時를 말했고 인사로서 거처居處, 당여黨與, 교우交遇, 사무事務를 말했다. 전자는 시간時間에 집중되어 있고 후자는 공간空間에 집중되어 있다. 이 우주론에서 사상四象이 태어난 것이다. 이대통령과 그 주변의 인물들을 바라보면서 도선道詵이 그립고 동무東武가 그리워진다. 어찌 지성의 수장이었던 사람이 위증을 대중 앞에서 가책 없이 내뱉을 수 있을까?"오적五賊"을 읊어대던 그 양심의 열정은 어

디로 갔는가? 학인學人인 나 자신을 되돌아보게 만들 뿐이다. 나의 진심어린 호소가 이해되었으면 한다.

* 요즈음 검찰과 국세청의 활동이 지나치게 활발하다. 국민을 보이지 않게 얼게 만드는 묘수妙數인 것 같다. 그러나 결국 이러한 묘수妙數는 항상 그 묘수를 사용하는 사람들 자신의 운명이라는 것을 자각해야 한다.

* 검찰이 생각하는 "정의"가 역사의 진리 속에서 "불의"가 될 수도 있다는 것을, 청운의 뜻을 품은 검찰 청년들이여! 이 민족공동의 운명을 걱정해야 하는 검찰 지사들이여! 삶의 고비고비에서 한 번씩만 숙고해주시오.

* 이대통령은 나의 고언苦言에 신경을 쓰지 않을 것이다. 대중들이 열렬하게 그를 지지한다고 생각하기 때문에. 나는 먼동이 트기도 전, 이 순간 책상머리에서 그를 위하여 그가 믿는 하나님께 기도한다. 창밖이 캄캄하다(04:29).

* 현재 고려조에 큰 영향을 주었다는 『도선비기道詵秘記』는 구할 길이 없고, 단지 그 이름의 소책이 『정감록鄭鑑錄』 속에 실려 있다. 『정감록』 속의 『도선비기』를 역사적 도선의 작품이라고 보기는 어려울 것 같다. 우선 너무 짧아 그 전말을 논하기 어렵다. 아마도 조선 효종 이후에 성립한 문헌일 것이다.

10月 16日(木)

* 오늘 수탉 한 마리가 또 울기 시작하였다. 계림에서 삼중창이 울려퍼지고 있다. 길가인 듯한데 뽑는 소리가 매우 굵고 짧다. 그에 비하면 메시의 소리는 정말 다듬어진 아름다운 소리이다. 메시는 노래하고 싶어서 견딜 수 없었다는 주현미 같다.

* 『부산父山』이라는 영화는 한국인만의 고유한 정서의 질감을 짙게 그려낸 탁월한 작품作品이다. 고창석의 연기는 송강호의 느낌을 뛰어넘었다. 더 자연스럽다. 김승호가 살아돌아온 것 같다. 김영호의 연기도 장쾌한 리얼리티가 있다. 앞대가리를 못봤기 때문에 한번 다시 보고 싶다.

* 과거의 체험에 갇혀 있는 자, 자신의 과거를 형성시킨 가치관을 현재의 기준으로 삼는 자, 변통을 모르는 자, 이들을 일러 반동(reactionary)이라고 부른다. 보수는 반동이 아니라 신중(prudence)의 주체가 되어야 한다. 현정권은 보수와 반동을 혼동하고 있다.

* 도참圖讖이란 사회변혁기에 등장하는 일종의 주술적 예언을

담은 도상이나 언어를 말하는데, 그것은 결국 불안한 민심民心의 표현에 불과하다. 도참에 의지하는 사회변혁은 성공할 수 없다. 그러나 도선道詵의 풍수는 도참과 무관하다.

* 공자孔子의 커먼센스 감각은 참 놀라운 것이다. 다음과 같은 말을 한번 음미해보라: "내 일찍이 종일토록 밥을 먹지도 아니 하고 밤새도록 잠을 자지도 아니 하고, 생각에만 골몰하여도 보 았으나 별 유익함이 없었다. 역시 배우는 것만 같지 못하니라. 吾嘗終日不食, 終夜不寢, 以思, 無益。不如學也。「위령공」30."

* 『한비자』「내저설內儲說」편에 보면 이와 같은 재미있는 이 야기가 하나 실려있다. 위령공에게 난장이 현인(侏儒) 한 명이 나타났다. 미자하彌子瑕가 위령공의 총애를 독점하여 전권을 휘 두르고 있을 때였다. 그 현자가 위령공을 보자마자 다짜고짜 이 와 같이 말했다: "제 꿈이 맞았습니다." 위령공이 물었다: "어떤 꿈을 꾸었는가?" 현자가 말했다: "꿈에 솥뚜껑을 보았습니다. 그런데 그것은 임금님을 뵙기 위한 것이었습니다." 위령공이 노하여 말했다: "괘씸하도다! 임금을 뵈오려 하는 자들은 꿈에 반드시 태양을 본다 말하거늘, 어찌하여 과인을 만나려 하면서 겨우 솥뚜껑을 꿈에 보았는가? 괘씸토다!" 그러자 현자가 대하 여 아뢰었다: "대저 해라고 하는 것은 천하를 골고루 비쳐 내려 쬐는 것입니다. 그래서 하나의 물건이 그것을 막을 수가 없습니

다. 한 나라의 임금 되는 자는 한 나라를 골고루 비쳐 내려쬐는 것입니다. 그러므로 한 사람이 그것을 가릴 수가 없습니다. 그래서 임금을 뵈오려는 자는 꿈에도 태양을 본다고 말하는 것입니다. 대저 솥뚜껑이란 한 사람이 그것을 가릴 수 있으며, 그 한 사람 뒤에 있는 사람들은 솥뚜껑 속에 무엇이 들어있는지 볼 방법이 없습니다. 지금 임금님을 한 사람이 가리고 있는 듯하오니 제가 꿈에 솥뚜껑을 보았다 하는 것은 너무도 지당한 일이 아니오이까? 夫日兼燭天下, 一物不能當也; 人君兼燭一國, 一人不能擁也。故將見人主者, 夢見日。夫竈一人煬焉, 則後人無從見矣。今或者一人有煬君者乎, 則臣雖夢見竈, 不亦可乎!"

＊ 이대통령은 자신을 태양으로 만들지 아니 하고, 일개 솥뚜껑으로 만드는 데 광분해 있다. 위령공과 미자하의 관계나, 이대통령과 그를 형님으로 받들어 모시는 사람들의 관계나 매우 비슷하다. 미디어법을 관철시켜 모든 언로言路를 자신의 생각 속에 가두려하고, 손석희, 김제동, 윤도현 같은 정도의 합리적 성향의 사람들까지도 출연을 제재하는 이러한 치세방식이 과연 무엇을 의미하는지 그들은 모른다. 태양을 가릴 수 없듯이 언로言路를 가릴 수는 없다. 그러나 무엇보다도 치자가 태양이 되기를 원치 아니 하고 솥뚜껑이 되기를 원하는 근본이유는 치자 자신이 솥뚜껑을 가린 자들 밖을 벗어나 다양한 언로에 귀를 기울일 능력이 없기 때문이다. 솥뚜껑 된 자, 조그만 부엌도 다스릴 능력이

없거늘 어찌 일국一國을 치治하며, 천하天下를 평平할 수 있으랴! 이 악몽의 세월, 그 악업을 이 민중은 어찌 감당하려느뇨!

* 밤에 잠자리에 들려는데 천둥소리와 굵은 빗줄기가 지붕을 강렬하게 때린다. 너무도 평온하고 안온한 느낌이 들었다. 천둥과 소나비 소리를 그토록 고요하고 아름답게 느낀 적이 없었다. 그 이유는 단순하다. 그로 인해 도시의 소음이 일체 사라졌기 때문이다. 인드라신이 나타나니 도시의 잡신이 다 숨어버린 것이다. 아무리 천둥소리라도 자연의 소리는 도시의 소음공해보다는 낫다.

10月 17日(土)

* 새벽 3시에 일어났다. 꿈에 집안 친척 되는 어른(외삼촌)이 침에 관하여 쓴 나의 논문을 읽고 나의 논문내용이 근본적으로 틀려먹었다고 비판하는데, 내가 격심하게 그의 생각이 잘못되었다고 그를 오히려 강하게 비판하는 목청을 높이다가 잠을 깼다. 침에 관한 나의 논술은 매우 고등한 원리적 내용을 담고 있었는데 외삼촌의 질책은 아주 유치한 침이론으로 나를 까는 것이었다. 아시혈에 침을 꽂고 그것 제대로 떠는 데도 10년이 걸리는데 네가 과연 무엇을 아는가 하고 나를 질책하는 것이다. 그래서 나는 그 놈의 아시혈에 침 꽂고 빙빙 돌리고 하는 것이 인류

사에 무슨 과학적 전기를 마련한 적이 있는가 하고 호되게 그를 나무라는 식으로 목청을 높였다. 참으로 이상한 꿈이었으나 회고해보면 나는 어렸을 때부터 집안 친척 어른이라는 사람들로부터 나의 생각이 무시당하고, 매우 억울하게 배척되고, 황당한 놈이라는 식의 매도를 많이 당했다. 그럴 적마다 나를 진심으로 이해해주신 분은 나의 어머니였다. 나의 엄마는 지적으로 나를 이해해주었다. 그리고 어떠한 상황에서도 감성적으로 나에게 상처를 주지 않았다. 나의 아버지도 나를 깊게 이해하지는 않았지만 나를 억압하는 분은 아니었다. 매우 착하신 분이었다. 여자가 지적으로 성숙하는 것은 매우 중요한 일이다. 위대한 교육을 할 수 있는 여인 한 사람이 국운을 좌우할 수 있기 때문이다. 이 땅의 여성의 교육이 매우 중요하다.

* 내가 어렸을 때를 회고해보면, 아니 청년기, 장년기 내내 그랬지만, 어른이라는 사람들이 어린 사람들의 생각을 깊게 이해하지 않았을 뿐 아니라 그들을 윽박지르는 풍조가 만연되어 있었다. 요즈음 그러한 풍조가 상당히 완화되었다고 생각했는데 또다시 그러한 분위기가 조성되고 있는 느낌이다. 권력을 소유한 자가 거짓을 바탕으로 하면 공적 진실이 사라진다. 그 결과 이 땅에서 커나는 아이들에게 진리와 거짓의 구분이 명료하지 않는 의식풍토가 생겨날까 두렵다.

＊ 어린 시절 어느날 아침, 눈을 떴을 때 나의 어머니는 환한 얼굴로 "나는 오늘 드디어 꽃이 피는 것을 보았다"라고 말씀하시었다. 어머니는 아침에 꽃이 피는 과정을 매우 궁금해 하셨던 것이다. 내가 어렸을 때, "나팔꽃"을 "아사가오"라고 불렀다. "아사가오"란 일본말로 "아침얼굴朝顏"이란 뜻이다. 툇마루 앞 화단에 빠알간 아사가오가 심어져 있었는데 그것이 피는 섬세한 과정을 보고 싶으셨는데, 그것은 장시간의 지구력을 요하기 때문에 매우 어려운 일이었다. 엄마는 그날 새벽기도를 다녀오시고 시간에 맞추어 화단 앞에 한 세 시간 쪼그리고 앉아 그 꽃이 피어나는 과정을 지긋이 관찰하는 데 성공하셨던 것이다. 너무도 그 꽃망울이 터지는 모습이 오묘했다고 나에게 말씀하시었다. 그날 환희에 찬 엄마의 얼굴이 지금도 생생하게 기억난다. 나의 엄마는 그런 엄마였고 또 그 환희의 순간을 나에게만 말씀하셨다. 아무도 그러한 오묘한 환희의 체험을 오묘하게 들어줄 사람이 주변에 없었던 것이다.

＊ 4대강정비사업만 하지 않는다면 나는 이대통령이 이 나라의 훌륭한 지도자가 될 수 있다고 생각한다. 4대강사업을 막을 수 있는 정감록이라도 있었으면 좋겠다. 국민들의 컨센서스를 불러일으킬 계기가 없는 것이다. 국민들은 그것이 잘못되었다는 것은 다 알고 있지만, 너무 막연하고 너무 엄청나서 입을 다물고 있는 것이다.

* 행주行舟의 형상인 조선국토의 4대강을 긁어대면 그 배에 구멍이 뚫려 침몰할 것이다. 도선국사는 이렇게 말씀하실 것이다.

* 4대강사업을 찬동하는 자들은 자손만만대대로 저주를 받을 것이다. 도선이 살아 있다면 이렇게 말씀하실 것이다.

* 19세기 사상가 혜강 최한기(崔漢綺, 1803~1877)는 미국의 대통령선거제도까지도 알고 있었고, "정치政治"라는 현대용어를 최초로 만들어낸 사람이다. 그리고 인욕人欲을 긍정했고 재용財用을 중시했다. 북아메리카합중국의 직접선거제도를 알고 있었기에 그는 민원民願에 따라 군주君主를 추대하는 방식에 대해서도 언급한 적이 있다. 그는 『인정人政』이라는 논문 속에서 만인치萬人治와 일인치一人治를 놓고 고민한다. 일인치一人治란 명백하게 군주제도인데, 만인치萬人治가 과연 어떠한 방식의 데모크라시인지 명료하지가 않다. 그는 단지 "만민으로 하여금 만민을 다스리게 하면 서로 각자가 다 스스로 다스리겠다고 할 것이니 통일된 통치질서를 이루기 어렵다. 使萬民治萬民, 則各自爲治, 難成一統之治"라는 말만 하고 있다. 그리고 또 이렇게 말한다. "만인자치萬人自治"냐 "일인제치一人制治"냐를 놓고 선택을 논의할 필요가 없다는 것이다. 문제는 만인치萬人治, 일인치一人治의 제도에 있는 것이 아니라, 어떻게 운화運化에 승순承順하고 치안治安을 조제調隮할 수 있는 사회를 만드는가에 있다고 보았다. 결국 만인

萬人이든 일인一人이든 인人은 모두 일통운화一統運化에 승순承順할 뿐이라고 주장한다. 제도보다는 인간, 그리고 권력의 형태보다는 보다 합리적인 사회질서가 정치의 궁극적 목적이라는 것이다. 그의 시대적 한계 때문에 체제의 개혁에 관한 혁명적 논의를 회피하고 말았지만 그의 생각은 매우 본질적인 문제를 제기하고 있기 때문에 묵살하기 어렵다. 오늘날 직접민주주의제도를 가장 잘 실현하고 있는 대한민국도 일통운화一統運化라는 면에서는 극단적으로 합리성에 역행하고 있기 때문이다. 혜강은 말한다: "정政은 안민安民에 있고 요민擾民에 있지 아니 하며, 치治는 제해除害에 있고 양해養害에 있지 아니 하다." 지금 대한민국은 요민양해擾民養害의 길을 선양하고 있지 아니 한가!

＊ 나는 지금도 아침마다 온집안 청소를 손수 다한다. 그런데 왜 그렇게 먼지가 매일 쌓이는지 알 수가 없다. 숲속에 싸인 집이라도 그것이 한양 한복판이고 보면 별 수 없는 모양이다. 매일매일 어김없이 쌓이는 먼지! 결국 내 주변의 세상에서 사람들이 움직이며 살고있다는 명증일 것이다.

＊ 창밖으로 보이는 감이 너무도 아름답다. 아무리 사진기로 찍어봐도 그 아름다움은 찍히지 않는다. 예년에는 추석이 지나고 감이 노랄 때면 이파리가 다 떨어져 있었는데 올해는 푸른 이파리가 무성하게 붙어있다. 아열대화亞熱帶化 되어가는 계절의 모습이리라.

＊『정감록』에 다음과 같은 말이 있다:"후세에 지각있는 사람이 먼저 십승지에 들어가면, 가난한 자는 살고 부자는 죽으리라. 後人若知覺, 則先入十勝, 而貧者生, 富者死." "어찌하여 그러한가? 何其然耶?" "부자는 많은 돈과 재물이 있으므로 섶을 지고 불에 들어가는 것과 같고, 가난한 자는 일정한 생업과 재산이 없으니 빈천하게야 어디간들 못 살겠는가! 그러나 조금이라도 지각이 있는 사람이라면 때를 가려 움직일 줄 알아야 한다. 富者多錢財, 故負薪入火也。貧者, 無恒産之致, 安往而不得貧賤哉! 然而稍有知覺者, 觀其時而行." 4대강사업에 광분해 있는 자들은 십승지를 만들 수 있다 생각하고, 또 십승지를 만드는 과정에서

떼돈을 벌 수 있다고 생각한다. 그러나 4대강사업으로 돈을 버는 자들은 결국 섶을 지고 불구덩이로 들어가게 되리라. 때를 가려 움직이지 않고 기축己丑에 이를 행行하면, 『정감록』의 다음과 같은 예언이 실현되리라: "9년 동안 큰 흉년이 들어 백성들은 나무껍질로 연명하고, 4년 동안 전염병이 돌아 사람은 반으로 줄고, 사대부의 집안은 인삼 때문에 망하고, 벼슬아치의 집은 이익을 탐하는 것 때문에 망하리라. 九年大歉, 人民食木皮而生; 四年染氣, 人命除半。士大夫之家, 亡於人蔘; 仕官之家, 亡於貪利。"

＊ 제발 때를 가려 움직여라! 기축己丑에 수맥水脈을 건드리지 마라!

＊ 눈물어린 나의 호소를 힘없는 백성이라도 모두 깨달았으면 좋겠다.

＊ 현정권은 자기들과 반대의견을 가진 자들을 눈에 보이게 탄압하지 않는다. 전두환대통령처럼 반대파들을 일거에 모조리 감옥에 가두거나 하는 무지막지한 방법을 쓰지 않는다. 전대통령의 악惡은 참으로 순진한 악惡이었고, 확실한 악惡이었기에 오히려 사회를 정의롭게 만드는 데 기여했다. 확실한 악惡이 있을 때는 확실한 선善이 생겨나기 때문이다. 그러나 현정권은 반대파들을 눈에 보이게 탄압하여 그들을 정의의 사도로 만들어주는 선

업을 행하지 않는다. 법제나 세제를 활용하여 지루하게 괴롭히거나, 정보기구를 활용하여 창피를 주어 스스로 오명을 뒤집어쓰게 만든다. 이러한 방법을 마음대로 활용하기 위하여 우선 언론을 장악한 것이다. 정보가 어두워지면 백성은 기만당할 수밖에 없다.

* 일본은 언론이 죽어있다. 양심의 소리는 있으되 그것이 사회담론화 될 길이 없다. 학문도 우익의 폭력권 안에 있다. 진정하게 자유로운 사상가가 일본에는 있을 수 없다. 한국이나 중국에 대하여 정의로운 언로言路 구실을 하는 것만큼 자기 스스로의 역사에 대해 정의로운 언로 구실을 하지 않는다. 자기비판과 자기부정에 일본처럼 인색한 나라는 없다. 대석학들은 많으나 학문의 기술자들일 뿐, 자기의 아픔을 고발하지 않는다. 기나긴 세월 너무도 용기없는 질서에 그들은 젖어있다. 이 모든 것이 천황제의 부작용이다. 에도(江戶)에서 메이지(明治)에로의 전환이 시민사회로의 전환이었다면 아시아의 운명이 바뀌었을 것이다. 일본은 아직도 시민사회로 진입하지 않았다. 그들은 천황天皇-신민臣民사회에 머물러 있다. 미디어악법을 꿈꾼 사람들의 가슴에는 암암리 일본식 미디어 장악에 대한 동경이 있다. 대한민국을 천황사회로 만들고 싶은 것이다. 천황의 이미지는 정권의 영속을 의미한다.

＊ "잃어버린 10년"을 운운한다면, "잃어버린 10년"은 최소한 잃어버린 자들에게 잃어버린 것을 되찾을 기회를 허용하리만큼 순진하게 작동되었다는 사실을 우리는 인식해야 한다. "되찾은 세월"이라도 또 다시 잃어버릴 수도 있다는 전제가 없이 영속만을 획책한다면 역사의 정칙은 혼란과 혁명밖에는 없다.

＊ 일본 민주당의 승리는 메이지 이래의 최대사건이다. 그런데 대한민국은 메이지로 복귀하고 있다. 박정희대통령의 꿈속에도 메이지 천황에 대한 동경이 있었다.

＊ 이 시대의 대한민국에서 가장 부끄러워해야 할 사람들은 사법부에 종사하고 있는 사람들이다. 사법부가 행정부의 권력에 종속되는 것을 아무런 의식없이 쳐다만 보고 있다. 법관의 양심이 점점 말라가고 있다. 힘없는 백성이 권력 앞에서 맥을 못추는 것은 너무도 당연한 것이다. 그러나 현재 우리나라에서 사법부처럼 막강한 독자적 권력을 쥐고 있는 권좌도 없는데 그들이 행정부 권력 앞에서 맥을 못춘다면 그것은 참으로 부끄러운 일이다. 사법부의 권력은 기나긴 세월 양심세력의 투쟁속에서 형성된 것이다. 그런데 이러한 권력을 이 사회의 합리성의 증대를 위해 활용하지 못한다면 법관 노릇을 해야 할 소이연所以然이 사라진다.

＊ 나는 법관들에게 정의를 요구하지 않는다. "정의"라는 것

자체가 이현령 비현령일 수 있기 때문이다. 법해석이란 단순한 정의개념으로는 접근하기 어려운 것이다. 내가 법관에게 요구하는 것은 품격品格이다. 요즈음 너무도 품격있는 법관이 없는 것이다. 품격이란 삶의 자세에서 풍겨나오는 것이다. 품격이란 소신所信을 관철할 줄 아는 용기이다. 거백옥蘧伯玉처럼 방유도邦有道하면 사仕하고 방무도邦無道하면 가권이회지可卷而懷之할 줄 알아야 한다. 권회卷懷의 인간이 없는 것이다. 내가 어렸을 때 우리 천안 옆집에 나중에 대법관이 되신 분이 사셨는데, 그 분의 청렴하고 곧은 판결로 인하여 혜택을 입은 자들이 감사하다고 사과궤짝 하나라도 몰래 집에 들여 밀어놓고 가면 반드시 그 임자를 찾아 되돌려주었다. 사전에 받는 것이라곤 전무할 뿐 아니라 사후에 손수건 하나라도 감사의 물건이 들어오면 반드시 되돌려 보냈다. 청탁·선물거절로 사모님이 골머리를 앓는 모습을 나는 직접 목도하면서 컸다. 이러한 삶의 자세가 없이 어찌 법관이 법을 집행할 수 있으리오. 양심은 오직 평소의 청결에서만 우러나온다.

* 지성至誠이 부족한 자는 천리天理를 깨달을 길이 없다.

* 하룻밤의 단잠은 천만 근의 보약보다 낫다. 어제 하루 잠을 잘못 잤더니 오늘 하루종일 휘청거린다. 얼굴이 검어지고 시력이 맑지 못하다. 피곤할 땐 쉬는 것이 원칙이지만 집중해서 일을

해야 할 때는 몸에 죄를 지을 수밖에 없다. 삶의 리듬은 단기리듬이 있고 장기리듬이 있다. 싸이클을 잘 조정해가면서 집중과 이완의 생활을 해야 한다.

10月 18日(日)

  * "배고픈 미소년"이 된다는 것이 참으로 어려운 일이다. 나도 옛날 같으면 성스럽게 보일 나이인데 아직도 "식욕" 하나를 임의로 조절못한다는 것은 수신修身의 길이 참으로 험난하다는 것을 말해준다.

  * 나는 『장자莊子』를 고등학교 때 읽었다. 좀 희한한 일이지만 그럴 만한 인연이 있었다. 지금 돈암동을 지나가다 보면 인연이 된 그 건물이 아직도 남아있어 내 가슴을 뭉클하게 한다. 돈암동과 돈암교 사이에 전차길 옆으로 "J의원"이라는 것이 있었는데 그 골목에 육중한 3층 석조건물이 있다. 돌을 겉에 붙인 집이 아니고 육중한 바위벽돌을 쌓아올린 견고한 옛 건물이다. 그 건물은 H양행이라는 제약회사 건물이었다. 옛날에는 중소기업이라고 해봤자, 한 건물 안에서 주인이 살기도 하고, 공장도 있고, 판매조직도 있었다. 공장 여직공이 많을 때는 한 300명까지도 들락거렸다. H양행에서는 골치가 아프면 사람들이 먹는 가루약 "엠엘"이라는 것을 생산했고, 또 "은단"을 만들었다. 엠엘

은 뇌신이라는 제품과 쌍벽을 이루며 잘 팔렸다. 그리고 H양행 은단도 고려은단과 함께 유명했다. 그 H양행집 아들이 나와 보성중·고등학교 6년을 같이 다닌 단짝 친구였다. 바로 그 H양행 맞은편 코너에 우리집이 있었다.

* 우리 아버지는 천안天安에서 돈을 많이 버는 의사였다. 그런데 세상을 운영하는 안목이 없었다. 돈을 주체하지 못했다. 나의 큰 형이 일제시대 때 경기중학교를 다녔는데 서울에 집이 없어 외삼촌집에 가서 신세를 지고 있었던 모양이다. 나의 외삼촌도 경기중학교를 다녔다. 민관식씨와 동기였다. 그런데 어느날 큰형이 외삼촌에게 따귀를 맞고 징징 울면서 천안을 내려왔던 모양이다. 아버지는 화가 나서 그 길로 서울에 올라가 집을 샀다. 사흘만에 계약을 끝냈다고 했다. 그런데 그 돈 많은 양반이 당시 서울 집값도 쌌는데 마음먹고 샀다고 하는 집이 고작 자투리땅 30평에 지은 한옥 개와집이었다. 그 한옥이 H양행 옆에 있었다. 그 뒤로 우리집 형제들은 모두 이 30평짜리 집에서 학교를 다녔다. 그래도 그 집에서 수없이 박사가 쏟아졌으니 명당이라 해야 할 것이다.

* 돈암동에 4총사가 있었다: 정형식·박진석·임해성·김용옥! 박진석이 H양행 아들이었고, 정형식은 아주 예쁘게 생긴 총명한 아이였다. 그 아버지가 어느 회사 중역이었는데 덕의가 있는

고매한 분이었다. 그리고 해성이도 명랑하고 재주가 많은 아이였는데 홀어머니가 아주 부하게 멋있게 생기신 분인데 동대문시장에서 포목장사를 했다. 보성중학교 1학년에 입학하고 보니 우리 4명이 다 한반이었고 또 한동네 살고 있다는 것을 알게 되었다. 그래서 이 4명은 항상 아침에 만나 혜화동 보성중학교까지 같이 걸어갔다. 돈암동에서 혜화동까지 6년 동안 전차를 탄 기억이 없다. 거의 하루도 빼놓지 않고 걸었다. 그때 걸었던 습관이 오늘 나의 몸과 마음을 만들어준 것이다.

평상시 나는 형식이를 아주 좋아했지만 친하기는 진석이와 가장 친했다. 형식이네가 얼마 안 있어 성북동으로 이사를 갔기 때문이다. H양행은 사무실도 있고 부엌에 가면 항상 얻어먹을 것도 있어, 공부한답시고 진석이네 가서 있는 시간이 많았다. 앞집 J의원집 딸이 이화를 다녔는데 퍽 아름답게 보였지만 6년 동안 마음만 설레였을 뿐 한 번도 제대로 말을 걸어본 적도 없다. H양행 옥상에 올라가 가끔 시선에 들어오는 그녀를 바라보는 것만으로도 황홀했다.

* 우리가 항상 모여서 공부하니까 진석이 아버님이 옥상 한 구석에 가건물을 지어주셨다. 그래서 그곳이 우리의 아지트가 되었다. 그런데 진석이 아버님은 중소기업가였지만 도인道人이었다. 욕심이 없었고 세상이 내 뜻대로 돌아가리라고 생각하는 분이 아니었고 회사운영도 뚜렷한 원칙에 따라서만 했다. 옥상

가건물은 실상 낮에는 진석이 아버님 서재였는데, 바로 거기에 『장자』라는 책이 꽂혀 있었다. 을유문화사에서 나온 책인데 껍데기에 미켈란젤로의 시스틴성당 벽화그림이 있었다. 나는 그 책을 읽어봐도 확연히 그 뜻을 이해할 수 없었다. 그런데 진석이 아버지는 『장자』에 정통한 분이었다. 진석이 아버지는 유명한 소설가 정비석씨와 단짝 친구였는데 몇 분이서 한 그룹이 되어 북한산 산행을 자주 했다. 키가 작고 이마가 훤출한 분인데 얼굴이 맑고 광채가 났다. 우리를 보면 이런 말씀을 종종 하시곤 했다: "우리나라 제일 부자가 이병철씨 아니냐? 그런데 그 분은 위가 좋지 않아. 그런데 설사 위가 좋으시더라도 하루 한 끼에 잡수실 수 있는게 요만큼밖에는 안돼. 그 외로 아무리 금은보화가 있다 한들 이병철 개인과는 무관한 것이다. 그러니 사람은 모름지기 재화를 탐하면 안된다. 재화가 있더라도 그것을 어떻게 가치있게 쓸 것인가를 생각해야 하고, 더욱이 재물로 인해 내 몸을 망가뜨리는 어리석은 짓을 해서는 안된다." 그러시면서 항상 『장자』의 고사를 인용하여 말씀하시었다. 나는 그 분에게서 「인간세人間世」에 나오는 "역사수櫟社樹"의 이야기를 재미있게 들었다. 그리고 "人皆知有用之用, 而莫知無用之用也"(사람들이 쓸모있는 것의 쓰임만 알고 쓸모없는 것의 쓸모있음을 알지 못한다)는 구절을 어릴 적에 외웠다.

 ∗ 그런데 불행한 사실은 그 분의 그러한 철학 때문에 자손들

이 다 삐뚜루 나가 버렸다는 것이다. 너무 도인道人이라서 현실을 장악치 못했다. 진석이에게는 누나가 하나 있었고 큰형이 하나 있었고, 남동생이 셋 있었다. 그런데 큰형이 모 좋은 대학을 다녔는데 좀 건전하게 생활을 하지 못했다. 머리를 올백을 하고 항상 진하게 포마드를 발라 기름이 잘잘 흘렀는데 아주 날렵했고 까만 색안경을 꼭 쓰고 다녔다. 결례되는 표현을 안 써도 어떤 종류의 인간인지 다 짐작이 갈 것이다. 아버지가 검약으로 번 돈을 풍풍 썼고 똘만이들이 항상 줄줄 따라다녔다. 그리고 구라가 좋고 키마에가 좋았다. 그런데 더 비극적인 것은 동생들이 모두 큰형을 인생의 이데아로 삼았고, 아버지의 모습을 닮지 않았다는 것이다. 진석이 아버지는 애초에 자식이라도 자기 가치관에 묶어두는 사람이 아니었다. 진석이 어머니도 아주 품위 있는 여인이었는데 모든 것을 포용하는 대갓집 마나님이었고 매섭게 자식을 가르치지 않았다. 큰형이 진석이네 형제들의 가치관을 다 흐려놓았다. 그리고 돈을 풍풍 낭비하는 것을 우습게 알았다. 돈 낭비라는 것이 무엇인가? 당시 멋있는 깡패노릇이라고 해봐야 캬바레 같은 곳에 가서 술먹고 계집들에게 돈 뿌리는 짓밖엔 할 일이 없었다. 이 이상의 낭만을 찾기 어려운 사회였다.

* 나는 고3때 서울대학 입시준비를 한다고 성북동에 있는 형식이네 가서 살았다. 그때는 남의 집에 가서 살려면 쌀을 꼭 포대에 담아갔다. 나는 쌀을 두 말쯤 지고가서 형식이네 뒤주에 쏟

왔다. 그리고 형식이와 같이 한방에서 공부를 했다. 아마도 내 인생의 첫 사랑은 형식이라고 해야 할 것이다. 지금 생각해보면 동성애 비슷한 것이었다. 잘 때도 가끔은 자연스럽게 그 애와 꼭 껴안고 잤다. 사실 그때만 해도 "사랑"이라든가 그런 말로 표현되어야 할 특수한 감정은 없었다. 그냥 서로가 너무 좋았고 사랑스러웠던 것이다. 그런데 나는 서울대학을 떨어졌다. 그렇지만 나는 운좋게 2차로 고려대학 생물과에 들어갈 수 있었다. 이공대학만 생긴지 얼마 안되었기 때문에 2차로 학생모집을 했던 것이다. 형식이는 나보다 공부를 더 잘했는데 그만 서울대학을 떨어지고 말았다. 그리고 재수하다가 고려대학 독문과에 들어갔다. 그런데 재미있는 사실은 형식이와 나 사이에 아무런 감정이 벌어질 틈이 없었는데 그냥 자연스럽게 멀어져버린 것이다. 같은 학교에 있으면서도 거의 서로 만나지 못했다. 생각해보면 형식이 문제가 아니라 내 문제였던 것 같다. 나는 고려대학교 생물과에 입학한 이후로 격렬한 삶의 고뇌를 맛보기 시작했다. "관절염"이라는 지독한 육체적 고통 속에서, 아라비아 사막의 수도승 안토니와 같은 생활을 했기 때문이다. 그러니까 형식이와 나는 세계가 엇갈리고 말았던 것이다.

　＊ 해성이는 한양대학교 요업과에 들어갔고 진석이는 아예 대학을 가지 않았다. 타락의 굴레로 빠져들었던 것이다. 대학졸업장 정도는 돈으로 사면 된다고 했다. 어느 땐가 내가 신학대

학에 다닐 때 만났는데 종로2가의 화려한 캬바레로 날 데려갔다. 그곳에서 캬바레의 계집들과 놀아나는 진석이의 모습에 나는 눈이 휘둥그레졌다. 나 보는 앞에서 지폐를 푸짐하게 계집애들 유방 사이로 끼어넣었고, 나비넥타이 맨 웨이터들이 진석이가 진 빚을 받으려고 굽실거렸다. 외상이 너무 많아 대접을 받는 것이다. 내가 보기에도 그것은 허세였다. 그날 밤 나를 정중히 모시겠다고 호텔방으로 안내했는데 나는 계집아이가 들어오기 전에 나와버렸다. 그때만 해도 나에겐 그런 분위기가 너무도 낯설었다. 고등학교 졸업하고 몇 년 사이에 세상이 그렇게 달라져버린 것이다.

* 그런데 경천동지할 사건이 벌어졌다. 형식이가 고려대학교 독문과 3학년 여름방학 때 청평에 놀러갔다가 그곳에서 헤엄을 치던 중 그만 빠져죽고 만 것이다. 며칠 후 올라 뜬 시체를 엄마가 발견했다니! 정말 황당한 사건이었다. 그토록 예쁘고 정갈한 인품의 형식이가 죽다니! 내 인생에서 처음 경험한 "죽음"이었다. 인간의 죽음! 내 의식의 거대한 부분을 차지하고 있었던 어떤 에너지가 갑자기 결손되어 공백으로 남는 그 느낌을 감당하기 어려웠다. 그러나 나는 형식이의 죽음조차도 나중에 소식으로만 들었고 일체 문상도 하지 못했다. 그때 나는 나의 실존의 구원문제로 세사世事를 쳐다볼 겨를이 없었던 것이다. 그러던 어느날 나는 기나긴 꿈을 꾸었다. 형식이가 살아돌아온 것이다. 나는 고3때처럼 성북동 어떤 집에서 그와 3년을 살았다. 돌담 위

에 형식이가 서있었던 그 꿈의 영상이 지금도 내 가슴에 생생하게 남아있다. 왜 3년이라는 숫자가 기억되었는지 모르지만 그 꿈은 3년에 해당될 정도로 길고 길었다. 그와 같이 사는 매 순간을 즐기고 또 즐겼다.

* 형식이의 죽음으로 형식이네 단란한 가정은 파탄이 났다. 그 아버님이 시름시름 앓다가 돌아가셨다. 그런데 인정이 많은 진석이는 나와 달리 형식이네 집을 자주 들락거리면서 그 집 가족들에게 많은 위로를 주었다. 그러는 사이에 형식이 동생과 정이 든 모양이었다. 형식이 동생은 아주 예쁜 처녀였다. 얼굴이 해맑은 순진한 여자였다. 내가 형식이네 살 때도 나를 매우 좋아했다. 그렇다고 내가 그녀에게 특별한 감정을 가질 그런 어색한 순간들은 없었다. 그냥 아름다운 소녀였다. 진석이는 형식이 동생과 결혼을 했다. 그리고 아들을 하나 낳았다. 그런데 진석이는 결혼 후에도 방탕한 생활을 계속했다. 피골이 상접하도록 술을 마셨고, 계집질을 계속했다. 무엇이 그토록 진석이를 절박하게 만들었는지 지금 생각하면 도무지 이해가 가질 않는다. 그 애는 천성이 낙천적이고 착하고 남에게 깊은 배려를 할 줄 아는 좋은 아이였다. 운동도 잘했고 머리도 비상했다. 그런데 왜 그렇게 주색에 맹렬하게 전 인생을 바쳤는지 나는 알 수가 없다.『리빙 라스베가스 Leaving Las Vegas』의 주인공보다도 더 격렬하게 자신의 삶을 망가트렸다. H양행 뒷골목에 형식이 동생이 아들과 함께 사는

방을 한번 방문한 적이 있는데, 그때 진석이 모습이 차마 보기가 힘들 정도였다. 뼈가죽만 남은 듯했다. 그러던 어느날 비보가 날아왔다. 진석이가 술먹고 차를 몰다가 교통사고로 사망했다는 것이다. 피투성이가 된 몸으로 부인과 자식에게 유언을 쏟으면서 한많은 인생을 마감했다. 형식이 어머니는 일거에 아들 잃고 남편 잃고 사위까지 잃었다. 진석이 부인은 훌륭한 여인이라서 독립하여 공부하면서, 그 뒤로도 잘 살았다고 알고있다. 그러나 나는 자세한 사정은 알고 싶지도 않았다. H양행은 영락했다. 진석이 아버님께서는 돌아가실 때 어떤 오도송을 남기셨을까? 지금 그 육중한 돌건물이 니끼한 곰탕집으로 변해 있다. 참으로 니끼하다. 상전벽해! 변해버린 세상에 대해 소회를 가질 겨를이 없이 나는 미래를 맞이하기에만 바쁜 인생을 살아온 것이다.

 * 양심선언을 하고 내가 쌍계사 국사암에 머물고 있을 때, 벚꽃이 흐드러지게 피었는데 그때는 관광객들이 없었다. 벚꽃잎 휘날리는 거리를 혼자 호젓하게 걷고 있는데 누가 내 등을 쳤다. 해성이였다. K유리 공장장으로 있다고 했다. 진석이와 캬바레에서 만난 후 처음 보는 순간이었다. 그리고 곧 헤어졌다. 그리고 다시 만나지 못했다.

* 삼청동에 "갤러리 도올"이라는 것이 있는데, 많은 사람들이 나에게 그것이 당신 것이냐고 묻는다. 특별히 택시 운전사들에게 그 얘기가 넓게 유포되어 있는 듯하다. 나의 이미지와 내가 건물을 소유한 저잣거리의 사람이라는 사실이 도무지 어울리지 않는다는 것이다. 갤러리 도올은 인사동 한 구석에 조그맣게 있었는데 지금은 퍽 확장된 모양이다. "도올"이라는 이름은 『맹자』「이루離婁」편 하에도 나오는 것이라서 어느 정도는 객관성이 있다. 그러나 어찌 되었든 "도올"이라는 고유명사는 나로 인하여 한국사회에 의미를 갖게 되었다. 도올 갤러리도 물론 내 호가 세간에 드러난 후에 만든 것이다. 그런데 갤러리 주인은 나에게 일말의 상담도 없었다. 상담이 없다 하더라도 미술계에서 그래도 안면이 있을 수는 있는 처지에 인사 한 번이 없었다. 도무지 한 번도 교감이 없었던 것이다. 물론 그 주인은 나와 관계없이 만든 것이라고 말할 것이다. 그리고 도올이라는 상호글씨조차 내 서체 스타일로 썼다. 하여튼 내 호를 사용하여 그 갤러리가 잘되었다니 다행스러운 일이기는 하나 그간 나에게 준 피해는 적지 않다. 내 주변 사람들이 이 상황을 알고 강한 항의를 권유한 적이 있으나 참으로 어리석은 짓이라 생각하여 발상조차 못하게 했다. 공익을 추구하는 미술관이면 몰라도 상업적 이윤을 추구하는 기관에서 아무리 객관적 명칭이라 하더라도 그토록 나 개인과 관련된 경우, 나에게 양해 한 번이라도 구했어야 하지 않을까?

10月 19日 (月)

※ 우리나라에 실상 양명학은 존재하지 않는다. 장유(張維, 1587~1638), 최명길(崔鳴吉, 1583~1647), 하곡(霞谷) 정제두(鄭齊斗, 1649~1736) 같은 사람이 양명학을 받아들였다고는 하지만 이들은 왕양명의 저술에 나타난 심학적 견해에 좀 동조적인 의견을 지녔을 뿐이다. 그런데 양명학은 이론이 아니다. 그것은 이론이 아닌 실천이며, 학문적 체계가 아닌 사회적 운동이며, 엘리트계층을 초월하는 상·농·공의 광범위한 자각을 전제로 한 것이다. 그래서 이론으로서 양명학을 수용한다는 것은 별 의미가 없다. 엔엘(NL)이나 피디(PD)이론을 운동의 실천이 없이 이론으로서 받아들일 때 그것은 별 의미가 없는 것과도 같다. 조선왕조에는 양명학을 수용할 수 있었던 사회기반이 없었다. 주희의 "격물格物"이론을 교종이라고 말한다면 왕수인의 "치양지致良知"설은 물론 선종이라고도 말할 수 있는데, 선종보다는 훨씬 더 구체적인 물사物事의 기반을 갖는 대중운동이었다. 과거에 양명학적 기반이 취약했기에 오늘날 한국사회도 대중운동의 뿌리가 취약한 사회가 되었다는 가설을 세울 수도 있다.

＊『대학』의 본래적 요체가 "격물格物"에 있지 않고 "성의誠意"에 있다는 것은 확실하다. 그러나 주희의 격물정신은 객관주의적 탐구정신이었으며 훌륭한 시대정신이었다. 그러나 주희의 격물정신은 그것에 상응하는 과학의 뒷받침이나 연역적 논리체계가 없었기 때문에 진부한 경전공부로 퇴행하고 말았다. 그래서 명대明代에 내려오면 육경이 모두 내 마음의 각주라고 외치는 심학心學이 더 절실하게 느껴졌던 것이다.

＊ 왕수인에게는 매우 치열한 구도정신이 있다. 그 구도정신이라는 것은 성인이 되고자 하는 열망이다. 그의 삶 자체가 하나의 치열한 구도의 과정이었다. 주희는 사상가였다. 수인은 행동가였다. 주희는 시스템 빌더였다. 수인은 만인에게 구체적 실천의 길을 제시하고자 했다. 수인의 삶의 치열함을 이해하지 않고 그의 이론만을 들여다보면 좀 엉성한 느낌이 들 수도 있다.

＊ 새벽, 빗살이 창문을 강하게 때린다. 천둥·번개가 순간순간 새벽의 푸름에 광채를 더한다. 이상케도 창밖을 바라보는데 문득 피아골 연곡사燕谷寺에 있는 고광순高光洵선생의 비가 생각난다. 지금 이 순간 이 험한 빗발 속에서 외롭게 서계실라나? 사람들은 "피아골"하면 빨치산 빨갱이들의 핏줄기가 서린 곳으로만 생각할지 모른다. 이현상도 한때 이곳을 거점으로 유격활동을 벌였다. 피아골은 골이 깊어 피신이 용이하고 광대

한 지리산 산악지대로 후퇴할 수가 있다. 그리고 이곳을 빠져 나오면 바로 섬진강변을 타고 하동과 구례쪽으로 진격이 가능하다. 연곡사가 있는 곳은 인후지지咽喉之地라 부르는 전략적 요충지였다. 임진왜란 의병, 구한말 의병, 해방 후 남부군의 피눈물나는 역사의 한이 서려있는 곳이다. 의미있는 사실은 임진왜란 때 의병활동을 한 집안의 사람들이 구한말 의병 때도 대거 활약을 했다는 사실이다. 고광순은 임란 때 혁혁한 의병활동을 한 고경명(高敬命, 1533~1592)의 둘째 아들 고인후高仁厚의 12대 종손이었다. 고경명은 식년문과에 장원급제하여(1558) 홍문관 교리(1563)까지 급승진한 인물이니 뼈대있는 장흥 고씨 문중의 내력을 짐작할 수 있다. 고인후의 후손들이 창평에 와서 살았기에, 고인후 후손들인 고광순 문중 사람들은 창평 고씨라고 부른다. 공자가 태어난 곳이 창평昌平 니산尼山인데, 전라도 창평에도 니산이 있다. 고광순은 헌종 무인년(1848)에 태어난 분으로 호가 녹천鹿泉이다. 을미사변이 일어나자 기우만奇宇萬과 더불어 격문을 발하고 의병을 일으켰다가 해산하였다. 을사늑약을 전후하여 다시 일어난 호남 중기의병은 1906년 4월 태인 무성서원에서 궐기한 거유 최익현崔益鉉의 거병을 필두로 시작되었다. 1907년 초 장성長城의 기우만奇宇萬, 남원南原의 양한규梁漢圭, 광양光陽의 백락구白樂九, 창평昌平의 고광순高光洵이 다시 의병을 일으켰으나 모두 좌절되었고 고광순의 의병만이 피아골로 집결하여 "불원복不遠復"(머지않아 우리는 국권을 회복하리라!)이라는 깃발을 세우고 축예지계畜銳之計, 즉 장기항전에 대비했다. 고광순은 지리산 포수들을 모아 강력한 빨찌산 의병을 만들어 일제의 군경과 맞설 요량이었다. 그러자 일본군은 창평 고씨 종택인 고광순의 집을 불태웠다. 고광순의 집이 불타던 날 그의 벙어리 아들 재환在桓이 왜군에 항거하자 왜병은 창으로 마구 찔러댔다. 하체가 피투성이가 된 채 껑충껑충 울부짖다 왜놈들 칼에 버히고 말았다. 그 하늘에 사무친 울부짖음을 고광순은 피아골에서 들었을 것이다. 고광순은 의병을 일으키기 전에 당대 명문장가였던 황매천에게 격문을 부탁했다. 그러나 황매천은 격문을 써주지 않았다. 일순간 지식인의 나약함이 그의 손목을 붙잡았을 수도 있다. 그러나 매천은 그 순간을 후회했다. 매천의 독백은 다음과 같다.

> 심부름 온 그 사람은 야속하다며 풀이 죽어 돌아갔다. 곰곰이 생각한 후 그날 밤 나는 결국 격문 하나를 썼다. 그리고 공이 나를 다시 찾아오기를 기다렸으나 끝내 공이 오질 않았다. 녹천은 필시 나를, 왜적이 두려워 격문도 못쓰는 놈이니 족히 더불어 논의할 인물이 못된다고 유감스럽게 생각했을 것이다.
>
> 其人怏怏去。是夜草一檄, 第待公至而竟不至, 必謂我畏約, 以爲不足與爲議也。

고광순은 "불원복"이라고 쓴 부대깃발을 휘날리며 연곡사에서 남은 그의 부하들과 함께 처절한 항전을 계속했다. 1907년 9월 11일 새벽, 광주에 주둔한 일본군 키노중대와 진해의 토코로중대는 연합전선을 펴서 연곡사를 습격한다. 고광순은 당시 60세의 노구였다. 중과부적! 끝까지 남은 일인까지 항전에 항전을 거듭했으나 결국 장렬하게 전사하고 만다. 왜병은 연곡사뿐 아니라 건너편 문수암, 그리고 실상사, 태안사 등의 유구한 고찰들을 다 불태웠다. 고광순의 전사소식을 듣고 제일 먼저 달려간 사람은 다름아닌 황매천이었다. 매천은 당시 그곳에서 멀지 않은 구례 월곡동 대월헌待月軒이라는 곳에서 살고 있었다. 매천이 연곡사에 당도했을 때 아직도 연기가 피어오르고 있었고 시체가 여기저기 나뒹굴고 있었다. 매천이 이 광경을 기록해둔 것을 살펴보자!

> 같은 군에 사는 박태현과 함께 연곡사로 달려가 보았다. 깨진 기왓장과 조약돌이 쌓여있는데 불탄 재는 아직도 온기가 남아있었다. 공의 시신을 덮은 개미뚝 만한 초분을 보자 나도 모르게 눈물이 터져나와 통곡을 하였다. 그날 밤으로 사람을 모아 흙을 돋우어 무덤을 만들었다.
>
> 與同郡朴泰鉉入燕谷寺, 瓦礫堆積, 灰尙未冷。見公藁殯如垤, 不覺大慟。夜募人加土作墳。

매천은 분명 집에 써두었던 격문을 집어들고 그 불탄 연곡사로 뛰어갔을 것이다. 그 애처롭고 안타까운 심정을 어찌 다 일러 말하랴! 매천은 고광순의 무덤을 연곡사에 만든 후에 다음과 같은 시를 지었다.『매천시집梅泉詩集』에 수록되어 있다.

  千峰燕谷鬱蒼蒼
  小刦蟲沙也國殤
  戰馬散從禾壟臥
  神鳥齊下樹陰翔
  我曺文字終安用
  名祖家聲不可當
  獨向西風彈熱泪
  新墳突兀菊花傍

  연곡의 천 개 봉우리마다 숲은 울창한데
  남김없이 목숨바쳐 싸우는 열사들은 있어도
  나라는 일그러지고야 마는구나
  전마는 흩어져 논두렁에 누워있고
  까마귀떼만 나무그늘 사이로 내려와 앉는다
  나 같이 글만 하는 선비 끝내 뭔 짝에 쓸 것인가
  임란 때부터 의절지킨 명가문의 성세에 감히 따를 수 없다
  홀로 서풍 마주보며 뜨거운 눈물 팅기노라
  새로 만든 무덤은 높이 솟앗으나 곁에 핀
  들국화는 무엇을 말하려는고

여기 우리의 가슴을 쓸어내리는 시 구절 하나가 있다.

我曹文字終安用
나 같이 글만 하는 선비 끝내 뭔 짝에 쓸 것인가?

황매천이 고광순 의거시
살고 있었던
구례 월곡동 대월헌과
그곳에서 보이는
장쾌한 지리산 능선

매천은 고광순보다 7살이나 손아래 사람이다. 본시 광양에서 태어났으나 구례에서 오래 살았기에 구례사람으로 일컬어진다. 어려서부터 천재적 재능이 있어 시문에 능하였고 과거에 응시하여 장원이라 해도 시원찮을 만큼 우수한 성적을 내었으나 빽 없는 시골사람이란 이유로 낙제시키자 벼슬을 단념, 구례 간전면 만수동 백운산 밑에 구안실이라는 재실을 짓고 학생들을 가르치며 저술에만 몰두한다. 『매천야록』을 바로 이 구안실에서 썼다. "구안실苟安室"이란 "구차스럽게 편안함을 구한다"는 뜻이니 매천은 행동으로써 구한말이라는 비극적 시대에 저항하기보다는, 그 격동의 시대를 비판적으로 정확히 기록해놓아야겠다는 지식인의 사명을 가지고 살았다. 그는 "동학"에 대해서도 그리 정확한 평가를 내릴 수 있는 안목이 없었지만 유학자의 입장에서 많은 사실적 정보를 우리에게 전해주고 있다.

그러나 막상 고광순의 죽음을 목격했을 때, 자신의 처지가 좀 비굴하게 느꼈을 수 있다. 고광순은 창평 고씨 명문세가의 종손이었고 대학자였다. 누구는 연곡사에서 죽고 누구는 구안실에서 구차하게 연명한단 말인가? 1902년 그는 구안실에서 월곡동 대월헌으로 이주했다. 그리고 그곳에서 고광순의 죽음을 맞이했다. 그리고 고광순의 순절 3년 후 우리나라는 경술국치를 당하게 된다. 매천은 더 이상 선비의 붓을 붙잡고 씨름하고 있을 수 없다고 생각했다. 음독으로 자결하면서 절세의 절명시를 남겼다.

鳥獸哀鳴海岳嚬
槿花世界已沈淪
秋燈掩卷懷千古
難作人間識者人
今日眞成無可奈
輝輝風燭照蒼天

새와 짐승이 슬피울고 바다와 산도 낯을 찡그린다
무궁화 이 강산이 속절없이 망하였구나
가을 등잔 책상 앞의 책들을 가려
천고의 세월을 되돌이켜 보게 한다
아 참으로 이 세상에서 지식인 노릇하기 어렵구나
이제는 더 이상 어찌할 도리 없네
가물거리는 바람 속 촛불 내 혼령이 날아갈
저 푸른 하늘을 비추는구나

여기 절명시에서 "난작인간식자인難作人間識者人"이라는 구절과 고광순의 추도시의 "아조문자종안용我曺文字終安用"이라는 구절은 동일한 내용을 담고 있다. 황매천은 고광순의 죽음 이후 3년 동안 번민에 찬 삶을 살다가 결국 자기합리화의 구차한 삶보다는 떳떳한 죽음을 선택한 것이다.

『매천야록』을 편집한 황매천의 동생 황원(黃瑗, 1870~1944)도

해방을 일 년 앞두고 창씨개명에 항거, 대월헌 뒤쪽에 있는 저수지 깊은 물에 바위로 몸을 칭칭 감고 빠져죽었다.

『매천야록』을 편집한 황원선생께서 자정치명自靖致命하신 곳

＊ 나를 가장 감동시키는 사실은 해방 후에 이곳 구례 지역의 군민들이 자발적으로 없는 돈을 긁어모아 연곡사 고광순의 무덤이 있는 곳에 순절비를 세웠다는 것이다. 51년이 지난 후에 "고대장"의 의절義節을 잊지 않고 비를 세운다는 것은 결코 쉬운 일이 아니다. 예로부터 촌로들이 "고대장 아깝다, 고대장 아깝다"하며 항상 개탄했다고 한다.

> 公沒數年, 山河帶羞。
> 燕谷之英鬼, 啾啾夜泣,
> 無過而酹者。
> 至土宇旣淸, 求禮人士,
> 以公所畢命處, 土石至今有香, 不可以無誌也。
> 募金治一大石, 族孫斗欽終始效其勞, 旣又要余書事。
> 嗚呼! 閱萬古, 南岳不崩。
> 彼其崢嶸之義節, 亦將與之幷峙矣。
> 戊戌仲春之上澣, 光山金文鈺撰, 瑞興金奎泰書,
> 求禮郡民一同建立。

고광순공께서 돌아가신지 수십 년,
이 산하도 일제침략을 부끄럽게 여기고 있다.
이 제비고을의 영명한 혼들은
밤마다 밤마다 구슬피 울음소리를 내건만
지나가는 이, 술 한잔 올리는 이 없다

대지와 집들이 이미 깨끗해진 지금,
구례 선비들이 생각하기를
공께서 순절하신 이곳, 이 흙과 돌이 아직도 공의 영혼의
향기를 간직하고 있으니 어찌 표지 하나 없을까보냐?
돈을 모아 큰 돌을 하나 다듬었다. 족손 두흠이 처음부터
끝까지 수고하며 나에게 공의 사적을 써달라고 부탁하였다.
오호라! 천만 년을 지나도
웅장한 저 지리산은 무너지지 않는다.
저 우뚝 솟은 충의와 절개는,
또 이 산과 더불어 영원히 우뚝서리라!
1958년 무술 2월 초순에 광산김씨 문옥 짓고, 김규태 쓰고,
구례군민 일동 세우다.

피아골 연곡사 뒷뜰, 의병장 고공광순 순절비 義兵將高公光洵殉節碑

＊ 나는 가끔 연곡사의 고광순비를 생각한다. 내가 이땅에서 지식인 노릇하기 어렵다는 것을 느낄 때면 그 비에 얽힌 녹천鹿泉과 매천梅泉의 사연을 생각한다. 이들의 순결한 피가 삼천리금수강산 곳곳을 적셨거늘 어찌 함부로 이 국토를 대한단 말인가? 언젠가 구례군민들이 나에게 강연을 부탁하여 이 이야기를 들려준 적이 있다. 그리고 찬가를 하나 지었다. 군민들이 내 구례찬가를 석비에 새기겠다고 하더니 그뒤로 소식이 두절되었다.

고광순비 뒷면

구례찬가 求禮讚歌

한(韓) 땅의 숨은 선비
예(禮)를 구(求)한 곳 구차례(仇次禮)
백두대간(白頭大幹) 오만년(五萬年)의
한(恨)이 서려
피내(血川) 내 몸속을 굽이친다

숨끊긴이 무덤(新墳)들이
돌올(突兀)한데
들국화 모로누워(菊花傍)
이지러진 민중의
숨결을 전한다.

서린 한 이길 수 없어
가을등잔(秋燈)
쌓인 서권(書卷) 가리매
천고(千古)의 상해(桑海)를
휘말아버린다
새와 짐승도
슬피 울고(鳥獸哀鳴)
바다와 산도
낯을 찡그린다(海岳嚬)
어찌 한가로이
붓을 놀릴까 보냐
가물거리는 촛불
끝내 푸른 하늘에
명멸(明滅)하고
방광제(放光堤) 물결은
그림자마저 삼켜버렸다

구례동포(同胞)들이여
피아골 의절(義節)이
그대 가슴에
고동치지 아니하느뇨
어찌 피내가
피직(稷)의 하찮음으로
뽑혀질 수 있나뇨

다시개벽(開闢)
서광(瑞光)이 이제
빛을 발하니
골골마다 불밝히고 물맑혀
피아를 씻어내고
분연히 일어서자

노고단(老姑壇)에서
천애(天涯)까지 땅끝까지
줄풍류의 찬송을
울려 퍼트리자
동편제의 기상(氣像)으로
통일(統一)과 평화(平和)의
새피아골을 만들자

제비고을(燕谷)
영명한 혼들(英鬼)
이제 밤마다 구슬피
울음소리 내지않도록
신천지를 만들자
구례의 생기(生氣)
광활(廣闊)한 부여(夫餘) 예맥(濊貊)

대한(大韓)의 온누리에 펼쳐라

웅혼(雄渾)한 저 남악(南岳)
천만년(千萬年)을 지나도
무너지지 않는다
구례사람의 충의(忠義)와 절개(節槪)
그 생명과 빛은
지리(智異) 섬진(蟾津)과 더불어
영원(永遠)하고
또 무궁(無窮)하리
조선(朝鮮)의 혼맥(魂脈)은
구례(求禮)에서 번창하리

이천육년 팔월 십구일
구례인들이 운집한 대강연에서
도올(檮杌) 김용옥(金容沃) 짓고 쓰다

조계종 제19교구 본사 화엄사의 말사, 연곡사
임진왜란 호남의병, 구한말 고광순의병, 6·25 피아골전투의 피맺힌 현장

10月 20日(火)

　＊ 피터 잭슨은 놀라운 상상력의 소유자이다. 그러면서도 그 상상이 허황되질 않고 오늘 여기 인간의 문제를 천착한다. 인간의 현실을 바라보는 가치관이 확실하다. 스필버그를 뛰어 넘는다. 영상세계의 셰익스피어라 할만하다.

　＊ 어제는 메시를 방음방에 가두지 않았다. 매일 매일 피하는 방법이 너무도 발달해서 점점 맹금처럼 변해가고 있기 때문에 밤에 그를 잡는 일이 위태롭게 느껴졌다. 그리고 겨울이 가까워 오니까 동네사람들이 문을 꼭꼭 닫고 자기 때문에 그다지 폐해가 되지 않는다. 또 몇달 동네사람들이 닭 울음에 익숙해져서 어느 정도 낭만성도 생겨났으리라고 본다. 이 동네를 "계명골"이라고 부르게 되었으니까. 그런데 메시가 새벽에 우는 시간이 참으로 일정하다 한 한달 동안 정확하게 새벽 5:20에 운다. 천지의 기운을 감지하는 능력이 비상하다 해야 할 것이다. 닭 울음은 새벽에 양기가 회복되는 복괘(䷗)를 상징하고 있다.

　＊ 왕수인(王守仁: 양명陽明은 호)은 서생書生이라기보다는

군인이었고 실전에 능한 장수였다. 그는 45세때 강서·복건·광동·호광(湖廣) 4성의 순무(巡撫: 지방총독)가 되었으며, 강서성의 감주贛州에 시정부施政府를 열고(1517년 1월 16일) 민병을 모집하여 무술과 효용이 절군絶群하고 담력이 출중한 인물들을 뽑아 특공대를 만들고 자신이 직접 지휘하면서 장구漳寇를 대파하였다. "장구"란 복건성 장주漳州 지방에 활거한 유적떼를 말하는데 중공의 유물사관은 이들 비적을 옹호하고 있지만, 실상 이들은 험심險深한 지역산림에 반거盤據하는 토비로서 민폐를 크게 끼쳤다. 중앙정부나 지방정부에 대한 반란군으로서의 뚜렷한 대의명분이 없는 한 토비는 토비일 뿐이다. 그는 십가패법十家牌法이라는 십가를 단위로 하는 연좌제를 만들어 비적의 동향을 파악하는 정보를 얻었고 또 민간에 비적이 침투하는 것을 막았다. 그리고 그는 병부(兵府: 일종의 군사정부)를 세워 오(伍: 25인), 대(隊: 50인), 초(哨: 200인), 영(營: 400인), 진(陳: 1,200인), 군(軍: 2,400인)의 조직을 만들고, 각기 그 책임자를 소갑小甲, 총갑總甲, 협초協哨, 참모參謀, 편장偏將, 부장副將이라 불렀다. 그리고 이들의 연락망을 치밀하게 조직하고, 이들을 활용하는 다양한 진법을 구사하였다. 왕양명군대가 가는 곳은 백전백승이었다. 부하를 다루는 탁월한 문인적 소양이 그에게 있었고, 도덕적으로 흠집이 없었기 때문이다. 그리고 유적을 평정하면 학교를 세웠고 향약을 만들어 이풍역속移風易俗의 효效를 치致하고, 예양禮讓의 도덕질서를 훈회訓誨하였다. 향약이라는 것을 실제로 향촌단위로 실행한 것은 주희가 아니라 왕양명이었다. 그리고 전투가 한창인 시절에도 『고본대학古本大學』,『주자만년정론朱子晚年定論』,『전습록傳習錄』을 간행하였다. 이 세개의 책이 모두 47세 때 강서성에서 전투 중에 각인된 것이다(1518년). 일거에 유적 7,000여명의 목을 베고 또 동시에 이런 중국철학사를 움직인 대작들을 출판하는 그의 정신세계는 정말 주희와는 다르다. 문무가 완벽하게 합일合一된 인간이었으며, 성인이 되고자 하는 열망을 실현하기 위하여 생애의 모든 순간에 목숨을 건 인간이었다.

* 조선왕조는 근원적으로 양명학을 수용할 수 있는 사회계급이 없었지만(양명좌파운동은 거의 상인계급이 주도한 것이다), 만약 양명학이 조선사회에 대거 진출하여 사회운동화 되었다면 분명 조선왕조는 더 일찍 망했을 것이고, 정조이후의 맥아리없는 꼬락서니, 즉 경직된 세도정치의 몽매함으로 개화기를 맞이하지는 않았을 것이다. 시민사회의 개화형태가 보다 확고한 양상을 보였을 것이다. 그러나 한편 양명학이 봉쇄된 것은 조선왕조 나름대로의 어떤 내재적 필연성이 있다. 퇴계부터 양명학을 봉쇄하려고 안간힘을 썼던 것이다. 양명학이 들어왔더라면 우리나라는 보다 도덕적으로 해이한 나라가 되었을지도 모른다. 주자학이 끼친 절대주의나 권위주의 해악은 이루 말할 수 없지만 하여튼 우리나라는 지금도 도덕적 순결성에 대한 존중이 있고, 도덕적 엄격주의에 대한 열망이 청소년에게까지도 남아있다. 현정권은

이러한 열망을 무산시키고 있는 것이다.

* 양명학은 일본에 잘 전파되었고, 또 일본에는 양명학을 수용할 수 있는 개명한 사회계층도 형성되어 있었다. 그렇지만 오히려 메이지 유신은 그 흐름에 역행하여 주자학적 집권형태를 지향하였다. 결국 양명학은 일본사회에서도 제대로의 역할을 찾지 못했다. 그렇다고 일본사람들이 한국사람들 만큼 주자학적 도덕주의가 있는 것도 아니다. 일본사람들은 매우 공손하고 사양지심이 있으며 예의가 바르고 질서를 잘 지키지만 근본적으로 본질적인 인간의 도덕성에 무감각하다. 일본여자들은 우리나라 여자들보다 얌전은 하지만 차겁고, 정조관념이 희박하다. 남자도 "할복"행위가 보여주는 것 같이 의리가 있는 것처럼 보이지만 그것은 "소의리小義理"이고 작은 집단의 윤리에 대한 충성심일 뿐이다. 미시마 유키오(三島由紀夫, 1925~1970)와 같은 섬세한 낭만적 문학도가 할복해서 죽는 이유가 고작 그토록 협애한 군국주의의 환상이라면, 그것은 일본의 보편주의에 대한 한 조종弔鐘으로 보아야 한다. 일본군인들을 향한 그의 마지막 연설내용은 전쟁을 금지하고 재무장을 못하도록 만든 평화헌법을 전복하라는 것이었다. 최근 일본 민주당의 승리가 일본문명의 보편주의적 가능성을 발양시키는 창조적인 역사방향을 개척해주기를 진심으로 빌고 또 빈다.

＊ 새벽에 리즈와 길가가 우는 품새가 달라졌다. 리즈와 길가가 모두 짧게 울었는데 점점 메시의 길이로 길어지고 있다. 메시는 이 두 친구들에게 노래하는 법을 가르치고 있다. 리즈와 길가가 울기만 하면 옆에서 신나게 울어대며 그들의 울음을 유도한다. 오늘 남성3중창이 거의 같은 길이로 아름답게 들렸다. 리즈와 길가는 저음이고 메시는 고음이다.

＊ 역사를 모르면 철학을 말할 수 없다. 많은 철학도들이 이 한마디를 깊게 깨닫지 못한다.

＊ 보편적인 단어사용법은 아니지만 중국 역사에서 "전제"와 "독재"를 구분하는 논의도 있다. 독재란 군주가 홀로 결재를 한다는 뜻인데, 이때 결재방식은 대체로 실무관료들이 안案을 다듬고 또 다듬은 다음에, 대신이 이에 대하여 심사에 심사를 거듭하여 최후에 천자에게 가져가 재가를 청하는 것이다. 그러므로 천자가 스스로 적극적으로 발의하는 경우는 오히려 드물다. 그러나 고대의 "전제專制"란 진나라의 시황제처럼 자기 의지대로 안건을 주도하여 그 실현방법을 대신에게 묻고, 대신의 제의가 마음에 들면 이를 실행케 한다. 물론 자기의 의지를 바로 대신이나 측근에게 전하여 실시하도록 만들 수도 있다. 진시황을 뒤이은 이세二世와 같은 우매한 천자라도 마음대로 대신 이사李斯를 죽일 수 있었다.

* 오늘 우리나라의 정치는 독재라기보다는 전제라고 보아야 한다. 대운하나 4대강정비사업의 발상이 민중이나 관료들의 갈망으로부터 시작된 것이 아니라, 최고 행정수뇌 개인의 발상이 관료들에게 부과되고 강요되고 실행되도록 모든 체제가 동원되고 있는 형국이기 때문이다.

* 현재 우리나라 TV언론은 "알아새기는" 언론이다. 현정부의 정책방향과 일치되는 것만을 국민에게 전달하는 것을 "언론의 자유"라고 생각하는 것이다. 4대강정비사업의 선전이 있으면, 그만큼의 반대의견도 동시에 제출되어야만 참다운 언론이라 말할 수 있다. 그런데 더 재미있는 문제는 아무리 그 선전을 들여다봐도 무엇 때문에 4대강정비사업을 해야만 하는지 국민은 그 소이연을 알 길이 없다는 것이다.

* "알아새기는 언론" 덕분에 요즈음은 나를 괴롭히는 기자나 피디(PD)가 없다. 내 인생의 황금기가 아닐까 생각한다. 학문에만 전념할 수 있으니 말이다. 더욱이 고마운 것은 청명한 가을하늘이다. 옛날 보스턴에 살 때의 청년 도올이 보았던 그 하늘이 계속 펼쳐지고 있다.

* 네이한트 비치(Nahant Beach)를 가보고 싶다. 명사십리는 여전하겠지. 갈매기는 여전히 날고 있겠지. 바닷가재를 잡는 목

선들은 여전히 푸른바다를 수놓고 있겠지.

＊ 요즈음도 길거리를 거닐다보면 만나는 사람마다 "왜 요즈음 테레비에 안나오시나요"하고 묻는다.

＊ 오늘 동숭동에 있는 나다극장에서 『플래닛 비보이 Planet B-Boy』라는 영화를 보았다. 내 생애에서 본 영화중에 가장 짙은 감동을 준 명화 중의 하나로 꼽을 수 있다. 어떻게 그렇게, 한국인이나 일본인의 미묘한 감정을 잘 처리할 수 있나 하고 놀라움을 금치 못했는데 감독 벤슨 리가 한국계 미국인이라니 좀 이해가 간다. 이 영화는 2005년 독일에서 열린 "베틀어브더이어"라는 세계 비보이 월드컵의 실황과 그 챔피언에 도전하는 젊은이들의 생생한 삶의 과정을 묘사한 다큐이다. 그런데 놀라운 사실은 이 비보이 월드컵에서 챔피언십을 획득한 팀이 "라스트포원 Last for One"이라는 비보이 팀인데, 아주 평범한 한국의 젊은이들이라는 것이다. 더욱 놀라운 사실은 그 전년(2004) 세계를 경악시킨, 기술적인 면에서 누구도 따라갈 수 없는 춤사위를 선사하여 챔피언이 된 팀도 갬블러즈라는 한국팀이었다는 사실이다. 예외적으로 이 결선에 한국팀은 두 팀이나 참가하였고 갬블러즈는 2년 연승의 기록을 세우려 했으나 결국 3위에 머물렀다. 그렇지만 1위 한국, 2위 일본, 3위 한국, 동아시아권의 팀이 세계 비보이계를 휩쓸었다. 김연아의 챔피언 행진도 놀라운 것이다. 아

니, 경이로운 것이다. 그러나 김연아의 우승 못지않은 또 하나의 우승에 대해서는 우리는 별 관심을 갖질 않는다. 앞으로도 비보이 댄스는 대단한 대접을 받지 않을지도 모른다. 그러나 이 나라의 대통령이라면 "플래닛 비보이"라는 이 영화는 꼭 보아야 할 것이다. 그 이유는?

* 비보이는 힙합의 한 장르인 브레이크 댄스가 발전한 것인데 나는 일찌기 한 20년전 그 초창기시절부터 뉴욕의 길거리에서 흑인 젊은이들이 춤추는 것을 경이롭게 바라보았다. 비보이의 탄생지는 역시 맨해튼이라고 해야할 것이다. 그런데 그 비보이 댄스는 모든 댄스의 신체적 가능성을 초월한 것으로 그 단련성, 즉흥성, 표현성, 안무의 시공성에 있어서 고도의 전문성이 있다. 그리고 무엇보다도 그것은 자연스러워야 하며 행동의 연속성이 정밀해야 한다. 그런데 이러한 자연스러움과 정밀성이 교체되는 디시플린의 세계는 아메리칸 블랙이 아니면 도저히 그 맛이 생겨날 수 없다고 생각한 예술장르였다. 이러한 이국적 장르에 한국의 젊은이가 신체적으로 우위를 점한다는 것은 너무도 경이로운 것이다. 그만큼 세계의 젊은이들의 문화가 어떤 보편적 교감을 획득했다는 것을 의미한다. 그 보편적 교감이란 단지 신체의 단련이나 기술적 고도성을 의미하는 것이 아니라, 그들의 삶의 양식 자체가 조금도 서양인의 감성에서 외재화되어 있지 않다는 것을 의미한다. 우리가 자라날 때는 누가 마이크만 들이

만대도 이야기를 제대로 하는 사람이 없었다. 마이크 앞에서 초라한 말이라도 끊어지지 않고 이어지는 사람이 있으면 목사나 교사정도의 인간밖에는 없었다. 그런데 세계 비보이들의 세계, 어찌보면 아직도 소외된 낮은 계층사람들의 세계로 인식될 수밖에 없는 비보이들의 예술장르에서 2년 연속으로 한국이 우승을 제패한다는 것은, 실제로 세계올림픽에서 한국이 전체 우승을 연패하는 것보다 더 위대한 사건이라고 나는 확신한다. 세계올림픽은 이미 엘리트 스포티즘(elite sportism)의 타락속에서 상업화되고 제도화되어, 진정으로 한 사회의 내면의 문화를 반영하는 것이 아니기 때문이다. 올림픽을 제패하는 미국이나 중국이 왜 비보이 댄스올림픽에서는 맥을 못출까?

* 우리는 한국교육의 문제점을 깊게 성찰해야 한다. 우리가 무시하고 외면하는 세계이기 때문에 오히려 한국의 젊은이들이 위대한 역량을 발휘하고 있다는 것이다. 우리 사회의 가치서열에 있어서 소외되면 소외될수록 오히려 위대한 역량이 발휘되는 것이 아닐까? 도무지 그 자연스러움과 꽁후우(工夫: 디시플린)의 전문성은 상상키 어려운 세계 지존이다. 어떻게 그것이 가능할 수 있을까? 뿐만 아니다! "베틀어브더이어 Battle of the Year"에 출전한 갬블러즈 팀은 빨간옷과 파란옷을 입어 남북한의 젊은이들을 상징했는데, 남한의 유연성과 북한의 경직성을 춤으로 대비해서 표현했고, 그것이 대결의 양상을 보이다가 결

국 하나로 동화되는 코리오그라피(choreography)를 너무 아름답게 표현했다. 그 몇 분 안되는 동작 속에 우리민족의 뼈아픈 과거와 분단의 현실과 미래의 화합을 압축적으로 상징화하여 그 대회에 참가한 1만명의 세계인들에게 보여주었다. 우리가 길거리에서 가볍게 지나치고 말 젊은이들의 세계가 우리나라 어떤 정치인들보다도 더 본질적으로 우리의 역사에 대하여 긍정적인, 심미적인, 창조적인, 자연스러운 행위를 하고 있는 것이다.

∗ 한국의 정치인들이여! 그대들은 한국의 비보이보다 훨씬 더 하찮은 존재들이다. 길거리의 비보이에게서 배울 줄 모른다면 그대는 정치의 에이비씨(ABC)에도 입문入門치 못한 것이다.

∗ 상업화되는 예술은 예술이 아니다. 비보이 배틀에서 감동을 주는 대목은 그토록 열렬한 열정을 가지고 전 세계의 국가대표들이 참석하는데 전체 상금이 겨우 3천불 수준에서 배분된다는 것이다. 1인당 백불정도나 받을까? 오직 명예 때문에, 그리고 춤을 추면서 자기표현을 할 수 있다는 기쁨 때문에, 오직 참가의 과정에서 흡족한 인간애를 만끽한다는 느낌 때문에 그들은 모든 삶의 고뇌를 걸고 있다. 그 순결성은 보존되어야 마땅하다.

∗ 집에 오는 길에 잠깐 "천년동안도"에 들렸다. 신관웅이 피아노를 치고 있었다. 나는 그에게 순결한 우정을 느낀다. 그러나

잠깐 서있다가 그냥 얼굴만 보고 나왔다. 그도 나를 보지 못한 모양이다. 외로운 재즈 아티스트! 허덕허덕, 그렇지만 피아노를 하루도 떠날 수 없는 그. 재즈에 대한 나의 열망은 영원하다. 그러면서도 어떤 때는 재즈가 울밑에선 봉숭화처럼 가련하게 보인다. 떠날 때 이동기선생의 구슬픈 클라리넷 소리가 울려 퍼졌다.

* 어떤 재즈 보칼리스트가 나에게 노래가사를 써달라고 했다. 그래서 곧 이런 내용을 써주었다.

멀리 가버린 그대
하늘마저 사라진 허공속에
그림자만 남긴 그대
애절한 몸짓이
미칠 수 없는 그대
정열조차 죽음이라
빙그레 웃는 그대
으스러지도록 껴안아도
남는 것은 쓸쓸한 바람

이런 가사가 노래가 될리가 없다. 그냥 흘려버리고 말았다.

* 최근에 쓴 시로서 내가 좀 공을 들인 것이 하나 있다. 원불교 정녀님들께서 돌아가시면 화장을 해서 그 재를 뿌리는데 그 재를

뿌리는 곳에 큰 돌비석이 선다고 했다. 왕궁리 영모원永慕園에 정녀님들께 할당된 땅을 모두 후학들의 장학금으로 내놓고 당신들의 사후자리는 소담하게 한 곳으로 모아 무여열반하시겠다는 것이다. 살아서도 죽어서도 무소유로 스러지시겠다는 것이다. 그런데 그 의미있는 자리에 서는 비석에 내 시를 받고 싶다는 것이다. 노정녀님들께서 아무리 생각해도 나한테 밖에는 그 시詩를 받을 곳이 없다고 하신단다. 참으로 눈물겨웁도록 고마

삼봉 정도전이 올라가 연설한 동점문. 나주 신정훈 시장이 복원. 2006년 10월 19일.

운 말씀이고 또 한편 나 자신의 반성을 촉구하는 일이었다. 평생을 수도인으로 사신 분들의 영혼에 내가 누가 되면 어쩔거나. 그래서 부담스럽기도하고 선뜻 대답을 못하고 한 삼개월 뭉기적 거렸다. 그런데 어느날 새벽 갑자기 싯귀가 떠올라서 일거에 붓을 옮겼다. 다음과 같다.

구름 한 점 없는 저 푸른 하늘처럼
그곳을 소리 없이 헤쳐가는 파랑새처럼
一圓相 하나됨 위해
우리는 부끄럼 없이 살았다
매일 새벽 먼동 틀 때
꼬까옷 처음 입는 소녀처럼 설레는 마음으로
머리 쪽찌고 옷깃 여미며
大覺의 나날 위해 줄달음쳤다
깨달음이란 영원히 산 자 스스로의 것
그 밭을 일구기 위해 우리는 땀을 흘렸다
平和와 健康과 解脱이
이 땅위에 피어나도록
이랑마다 고랑마다 씨를 뿌렸다
육신의 業 스러질 때
진리의 평온함이 모든 이의 가슴을 감싸도록
그렇게 빌며 天地恩 속에 잠드노라

＊ 소리없이 한 구석에 무명無名으로 세워주세요, 하고 내가 직접 써서 보냈다. 그 후 화장재를 뿌리는 곳을 새로 짓는데 그

누각의 마땅한 이름이 없으니 그것을 지어달라고 또 부탁이 왔다. 그래서 고민 끝에 "식운정息韵亭"이라고 지어 큰 서도글씨로 써서 보내드렸다. 글씨가 내가 쓴 것이지만 특별히 마음에 들었다. "식息"이란 "휴식休息"의 용례가 있듯이 "쉰다" "그친다"는 뜻이 있다. 그러나 동시에 "번식繁息," "이식利息"의 용례가 말해주듯이 "번창한다"는 뜻이 있다. "운韵"은 사혁謝赫이가 말한 "기운생동 氣韻生動"의 우주를 줄인 말이다. 이 우주는 영원히 기(氣)의 운 (리듬)이 살아 움직인다(生動)는 뜻이다. "식운정"의 "식운"은 "기운생동의 우주에 잠들다"는 뜻도 있지만 "그 영혼이 윤회를 통하여 새롭게 번영하리라"는 뜻도 담고 있다.

＊ 내 글씨는 나주羅州시에 가면 옛성 동문에 걸려 있다. 동문의 현판인 "동점문東漸門"이라는 글씨가 바로 내 글씨이다. 『서경書經』 「하서夏書」 「우공禹貢」에 "동점우해東漸于海, 서피어유사西被於流沙"

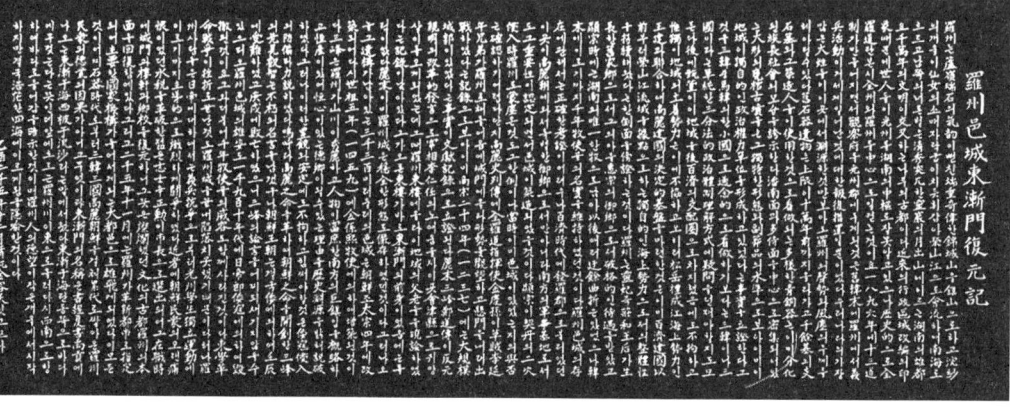

나주 읍성 동점문 복원기

라는 말에서 "동점"이라는 말이 생겨났다. 그 뜻인즉 "점점 동으로 흘러 바다로 들어간다"는 것이다. 그쪽 지세를 살펴보면 앞에 흐르는 나주천羅州川이 동으로 흘러, 다시 서남으로 향했다가 다시 바다로 흘러간다. 요즈음 역사학에서 쓰는 "서세동점西勢東漸"이라는 용어도 이 『서경』의 말에 출전이 있는 것이다.

＊ 여말에 삼봉 정도전이 반원친명反元親明을 표방하는 개혁적 발언을 하여 재상 이인임李仁任의 노여움을 사 이곳 회진현會津縣으로 귀양살이 왔다. 그때 이곳 동루東樓에 올라 이 지역의 부로父老들을 효유曉諭하였다는 기록이 있다. 결국 삼봉은 이 귀양살이를 통해 혁명의 꿈을 키웠다. 아니, 혁명을 하지 않으면 아니 되겠다는 민생의 현실을 체험한다. 그 자세한 내막이 내가 쓴 『나주읍성동점문복원기羅州邑城東漸門復元記』에 적혀있다. 『복원기』는 동문누각 안에 걸려있다.

＊ 삼봉의 유배지였던 나주시 다시면 운봉리 백동마을에 가면 그 입구에 내가 쓴 "신소재동기新消災洞記"가 세워져 있다.

※ 전라남도 곡성谷城 문화회관 앞마당에 가면 또 내가 쓴 비문이 하나 있다. 동악산東樂山 너른 들을 마주보고 있다. 참 애착이 가는 비석이다. 곡성군수 고현석高玄錫선생의 도움으로 그 자리에 섰다. 곡성사람 일산一山 김명환(金命煥, 1913~1989)선생의 추모비이다. 앞면에 "朝鮮의 藝魂 一山 金命煥先生 이 땅에 태어나 鼓法을 완성하고 國樂의 大脈을 이루다"라고 쓰여 있고, 뒷면에 자세한 약전이 쓰였다. 거기에 다음과 같은 명銘이 있다.

　　一山季變不休青
　　枹鼓老蒼莫不靈
　　困擾逢君無俗誼
　　唯懼聖樂與君冥

　　일산은 계절이 변해도 푸르기를 그치지 않고
　　북채는 늙어도 신령스럽지 않음이 없다
　　어려울 때 그대를 만났으니 우리사이 어찌 속기가 있으리오
　　단지 성스러운 우리 음악이 그대와 더불어 잠들 것만 걱정이오

※ 공적인 비문이나 현판은 내가 써줄려고 노력한다. 금석문은 이 시대의 문화수준을 반영하는 중요한 징표이기 때문이다. 그러나 참으로 공이 많이 든다. 비문 하나에 책 한권 쓸 시간이 날아간다.

김명환선생 기념비. 일산회 건립. 곡성 고현석군수, 군민과 함께. 2006년 4월 25일.

10월 21일(水)

※ 오늘 새벽 드디어 바로도 울기 시작했다. 이제 장닭4중창이 된 셈이다. 4형제가 다 같이 운다. 바로 소리가 제일 짧다.

※ 엊그제 원광대 한의대 학생들에게 특강을 해주러 잠간 다녀왔는데 역에서 얼굴이 아주 밝은 여자 역무원이 나를 반기면서 나의 어머니를 자기가 모셨다고 했다. 나는 갑자기 그 역무원이 참 행복한 여자라고 생각했다. 나의 어머니의 손을 잡고 그 축복을 받았으니. 가만히 생각해보니 내가 원광대에서 6년동안이나 하숙방에서 쓸쓸히 고생하고 있는 동안, 엄마가 한번 내려오셨던 것 같다. 나는 과거가 항상 가물가물 생각이 나지 않는다. 엄마하고 단 둘이서 내가 살던 곳을 둘러보았던 기억이 있다. 내 하숙집 숙원재 골방도 보시고 엄마와 같이 배산으로 산보한 기억도 난다. 배산 가는 길에 삼양라면공장이 있는데 그 공장에서 나오는 폐수를 정수하는 시설이 있고, 바로 그 정수과정을 거쳐 나오는 물이 냇가로 넘쳐 들어가는 곳에 큰 연못을 만들어 놓았다. 그 연못에 송어를 길렀다. 송어가 깨끗한 물에만 살기 때문에 그 정수의 도수를 나타내는 징표로 그 물에 노닐게 한

것이다. 폐수는 정말 더러운데 눈에 보이는 곳에서 그렇게 깨끗한 물이 되어 나오고 또 송어떼가 노니는 모습이 참 한가롭다. 엄마와 송어떼를 보면서 그곳에 한참 물끄럼이 앉아 있었던 생각도 난다. 그리고 논이 아름다와, 논에서 엄마 사진을 찍었던 기억이 난다. 추수 한 달 전쯤 되었을 것이다. 초가을이었을까? 그리고 엄마랑 같이 미륵사지에 가서 일그러진 거대한 탑을 보았던 기억도 난다.

＊ 원광대 교학대학 학생들 중에 신세대가 많아지니까, 쪽찟기가 힘들고 또 까만치마 흰저고리를 입고 사는 것이 불편하다 하여 반기를 드는 발언도 있는 모양이다. 그런데 그것은 참으로 유감스러운 망발이다. 종교는 보수성이 유지되는 구석이 있어야 종교다. "독신"의 문제만 해도 그것을 벗어나서 좋은 상황도 물론 있겠지만, "셀리버시celibacy"라는 것 자체가 매우 어려운 수행의 과정인 것이다. 범인이 지키기 어려운 것이다. 그것을 지키는 치열한 자세가 없이는 종교인의 어떤 기본적 수양을 나타내기가 어렵다. 남이 못하는 것을 해낸다는데 특별한 "공부"가 있고, 타인으로부터 존경을 받을 수 있는 소이연이 생겨나는 것이다. 원불교 정녀들은 소리없이 이 민족의 정결한 여인상을 지켜왔다. 까만치마, 흰저고리는 이미 법복화된 것이다. "법복法服"이란 불교에서만 쓰는 말이 아니고 『효경』「경대부장」에도 나오는 말로서 "선왕이 법도에 따라 정한 복식"이라는 뜻이

다. 내가 한복을 입는 것도, 그것이 "법복"이기 때문이다. 의상이 인격을 만든다. 타율적 규제가 없이 인간은 자율적으로만 살 수는 없다. 자율은 노력의 대상이다. 자연스럽게 주어지는 것은 아니다. 쪽머리도 일제의 왜풍이라는 근거 없는 낭설을 펴는 자가 있는 모양인데, 지금 정녀들이 하는 머리는 전통적인 우리 머리가 일제시대 때 개화여성들에 의하여 약간 간소화된 형태로 변형된 것이다. 그것은 일본인의 머리가 아니다. 용잠이나 화잠을 꽂은 낭자쪽, 새양머리 등이 삔을 꽂는 형태로 간략화된 것일 뿐이다. 도대체 우리 것을 다 버리고 나면 남는 것이 무엇인가? 원불교의 조용한 전통을 다 묵살하고 새악씨들이 청바지 입고 썬글라스 끼고 핏자 먹으면서 대중을 더 잘 교화하겠다는 것인가! 변해야 할 것은 의상이나 장식이 아니라 "머리"속이 변해야 한다. 원불교가 앞으로 진정한 이 땅의 위대한 종교가 되려면 교무들 스스로 공부를 더 해야 한다. "격물치지"의 새로운 전기들을 마련해야 한다. 교학대학 나와 교무가 되는 것에 만족해서는 안된다. 더 많은 공부와 수행을 해야한다. 수준 높은 학자교무들이 많이 나와야 한다. 외국대학에 유학가는 것도 필요하지만 한학의 깊은 조예를 기르는 것도 이 땅의 종교수준을 높이는 첩경이 된다. 내가 권고하고 싶은 것은 많은 교무들이 "한국고전번역원" 한학연수프로그램에 등록해서 공부하라는 것이다. 낮에 일하고 밤에 공부할 수 있다. 우선 사서나 육경공부를 제대로 하지 않으면 결국 아마추어 설화꾼 밖에는 되지 않는다. 13경을 돌돌 외는 교무가 100명만 있다면 정신개벽을 뛰어넘는, 천지개벽이 일어날 것이다.

＊ 비구니·비구 스님 중에는 한국고전번역원 한학연수 프로그램에서 공부하는 학승도 몇 있다.

＊ 쌀값이 폭락, 농민들이 울고 있다. 애써 힘들게 쌀농사를 지어 풍년이 들었으면 온 국민이 기뻐야 할텐데 … 수요와 공급에 의한 시장논리만을 논할 수는 없다. 농민들은 대북쌀지원 법제화를 호소하고 있다. 정부는 창고에 쌀이 썩어난다고 난색만 짓고 있고 그 쌀을 생산적으로 활용할 수 있는 아무런 대책이 없다. 이념 때문일까? 아무도 원하지 않는 4대강정비사업에다가는 수십조를 퍼붓고, 자국의 농민들은 시장논리를 내세워 외면하고 도탄의 구렁텅이로 처넣는다면 도대체 이게 무슨 국가란 말이냐?

＊ 대북지원은 "퍼주기"가 아니라 자국의 경제를 살리는 길이다. 인도주의적 정책은 결국 북한을 개방시키고 우리 외교정책의 우위를 확보하며 경제적 실리를 확보하는 확실한 길이다. 농민의 문제는 시장논리로 다룰 문제가 아니라 "국토지킴이 보전사업" 차원에서 그 총체적인 대책을 항상 마련해 놓고 있어야 한다. 이 국토에서 논이 사라지고 농민이 사라지면 이 민족

은 "본리本利"를 상실하고 결국 타국에 종속될 수밖에 없다. 뿐만 아니라 우리의 모든 역사와 낭만을 상실한다. 문화콘텐츠를 운운하면서 왜 농촌문화콘텐츠는 국가의 근간으로 살릴 생각을 하지 못하는가? 서울 각 구청에서 쓸데없이 보도블럭 갈아엎는 짓거리나, 광화문 앞에 국민건강과 교통과 미관에 해악을 주는 광장을 만드는 무의미한 우행, 그 낭비적 사고만 제거해도 농촌문제는 해결될 수 있으리라! 제발 조금만 더 이 민족의 대계를 위하여 합리적 사고를 해주었으면.

  * 합리적 사고란 전체를 보는 것이다.

  * 남북문제의 이니시어티브를 장악하지 못하는 정권은 이 민족을 다스릴 자격이 없다.

  * 이니시어티브란 정당간, 혹은 남북당사자간의 이니시어티브가 아니라 국제사회에서 특히 대미관계에 있어서 남북문제의 주도권을 확고하게 장악하는 것이다.

  * 농촌을 지키는 농민은 국토수호담당부처 공무원의 자격을 부여해야 한다.

  * "유월이들"의 선례를 따른다면 지금 봉혜가 "구월이들"을

쪼아 독립시킬 시기가 되었다. 그런데 그런 조짐이 전혀 보이지 않는다. 봉혜는 아직도 열한마리의 새끼들과 즐겁게 군거群居하고 있다. 행태行態의 변화가 있을 것인가?

＊ 대인(大人)이란 천지만물과 더불어 한 몸을 이루는 자이다 (大人者, 以天地萬物爲一體者也). 주변의 인간은 물론, 산천초목이나 심지어 와석瓦石까지도 훼멸되는 것을 보면 민휼憫恤한 마음이 우러나오지 않을 수 없는 것은 내 마음의 인仁이 돌과도 한 몸을 이루기 때문이다. 대학大學은 대인의 배움이요, 그것은 대인다운 한 몸의 인(一體之仁)을 발현하는 것이라는 양명의 통렬한 외침은 오늘 우리나라 지성인들에게 너무도 통절한 반성을 촉구하고 있다. 그의 「대학문大學問」을 읽어보라.

＊ 압구정 로데오 거리는 썰렁하다. 왠가? 그곳엔 문화文化가 없기 때문이다. 동숭동 대학로에는 항상 밤·낮, 주중·주말을 가리지 않고 젊은이들이 빠글거린다. 왜냐? 문화文化가 있기 때문이다. 대학로는 우리나라에서 면적단위당 가장 많은 대학이 밀집되어 있다. 무형을 전제로 하지 않은 유형의 토목공사는 일시적 땅값의 변화를 가져올지 모르지만 결국 썰렁하게 끝나버린다. 국고가 썰렁해져가는 것도 모르고 무모한 계획만 일삼는 한국인들, 참으로 용감하다.

＊ 그렇게 사람이 빠글거리는 동숭동거리에서도 장사가 잘 된다는 이야기를 들을 수가 없다. 과연 무슨 경제지수가 그렇게 좋아졌다는 것인지 알 수가 없다. 서민들은 항상 생계에 허덕이며 고통을 받는다.

　＊ 어느날 양명이 강학을 하는 제자들에게 다음과 같이 말했다: "야! 너희들은 왜 하필 성인을 간판으로 내세워 학문을 강론하느냐? 일반인들은 성인이 다가오는 것을 보면 무서워서 다 도망가 버리지 않겠느냐? 그렇게 하면서 도대체 어떻게 강학하겠다는 것이냐? 제일 좋은 방법은 이것이다. 너희들 스스로 어리석은 필부필부가 되어 그들과 같은 지평에서 학문을 강론할 때 비로소 진정한 학문이 이루어지는 것이다. 你們拿一個聖人去與人講學, 人見聖人來, 都怕走了, 如何講得行? 須做得個愚夫愚婦, 方可與人講學。"

　양명이 얼마나 지독하게 주자학의 엘리티즘을 비판했는지를 단적으로 알 수 있게 해주는 『전습록』에 수록된 명구절이다.

10월 22일(木)

　＊ 아침 7시경 때아닌 초인종이 울렸다. 나가보니 동네건물을 지키는 수위아저씨였다. 봉혜가 떨어졌다는 것이다. 봉혜와 그 새끼들이 노니는 숲을 계림鷄林이라 부르는데, 그 계림은 나무

가 울창한 둔덕이다. 그 바깥쪽이 행길 대로인데 한 3·4m가량 되는 담위로 계림이 있다. 나는 닭을 방사하는데 여태까지 한번도 닭이 담밖으로 나간 적이 없었다. 불상사였다. 봉혜가 아마도 담위에서 땅을 발로 파면서 헤집다가 헛딛은 모양이다. 동네 아저씨가 아무리 봉혜를 잡으려해도 잡을 수 없었던 모양이다. 그래서 나를 불렀다. 봉혜가 집밖으로 나왔다는데 도망만 가고 어찌할 도리가 없다는 것이다. 내가 나가 "봉혜야!"부르고 오라는 손짓을 하니까 봉혜가 너무 반가워서 꽁지빠진 모습으로 뒤뚱거리며 신나게 달려왔고, 문안으로 얼른 들어왔다. 이 모습을 동네사람들 세사람이 보았는데 박장대소를 하면서 깔깔대고 웃었다. 닭이 이름 부른다고 쪼르르 따라오는 모습을 처음 보았기 때문이다. 앞으로 봉혜신화학이 생겨날지도 모르겠다.

＊ 고대 희랍인들은 상상의 천재였다. 그런데 왜 오늘날 이토록 초라한 민족이 되었는지 모르겠다. 기나긴 이민족지배의 역사가 그들을 그렇게 만들었을까?

＊ 어떤 사람이 왕양명에게 "이단異端이 무엇입니까"하고 물었다. 그러니까 양명자가 다음과 같이 대답하였다: "필부필부와 같은 지평에 서는 것을 동덕同德이라 부르고, 필부필부와 다른 지평에 서는 것을 이단異端이라 부른다. 與愚夫愚婦同的是謂同德, 與愚夫愚婦異的是謂異端." 이 말에서 "동덕"이라는 말은

우리나라 동학이 가져갔다. 동학에서는 입도하는 모든 사람들을 평등하게 대하며 서로 간에 "아무개 동덕"이라고 부른다. 양명의 뜻을 충실히 승계하였다. 양명은 『대학』의 "친민親民"을 민民을 대상화하여 그들을 친하게 한다든가, 주희처럼 새롭게 교화시킨다(新民)든가 하는 식으로 해석하지 않았다. 모든 지식인은 필부필부 그 자체가 되어야만 친민이 될 수 있다고 생각했다. 민중 위에 군림하는 것이 아니라 민중 속에서 민중의 도덕적 양지良知를 촉발시킬 뿐이라고 생각했다. 민중 위에 연역적으로 군림하는 것을 이단異端이라고 생각했다. 이 "이단"은 우리나라 기독교인들이 승계하였고 현정권이 충실히 이단전통을 실천하고 있다. 모든 "아포칼립스"라든가, "계시"라든가, "은총"이라든가, "신화적 설득이나 협박"은 이단일 수 밖에 없다. 그것은 민중 위에 군림하는 것이기 때문이다. 정상적인 사고를 하며 사는 사람, 그리고 아예 사고를 하지 아니하는 사람조차도 며칠이나 몇년후에 우주가 종말을 고한다는 생각은 할 수가 없는 것이다. 그러한 생각은 군림이고 주입일 수밖에 없다.

 * 오늘도 신문에 보니까 강에서 채취한 골재문제를 가지고 지방정부를 곤혹스럽게 압박한다는 기사가 났는데 하여튼 한 사람의 의지에 의하여 4대강정비사업을 전국민에게 관철시킬려고 하는 것처럼 무서운 이단異端은 없는 것 같다.

＊ 자기전에 무엇을 먹고 자는 것처럼 몸에 해로운 것은 없다. 밤에는 음기陰氣가 지배함으로 위胃에 에너지를 발생시키는 양기陽氣를 채우고 잔다는 것은 어리석고 또 어리석은 일이다. 이것을 "위중불화胃中不和"라고 하는데 옛 의서醫書에 나오는 말이다. 얼굴이나 목덜미에 종기나 부스럼이 나거나 피부가 상하는 것은 거의 모두가 위중불화에 의한 것이다. 밤에 여분의 화기火氣가 발생하여 지축(상피조직)을 박차고 솟구치기 때문이다. 밤에 배를 채우고 자는 것처럼 우매한 짓은 없다. 배를 비우고 자는 것이야말로 현자賢者의 선도仙道이다.

＊ 또 자다가 일어났을 때 무엇을 주섬주섬 먹는 것처럼 어리석은 일도 없다. 옛날에는 부엌이 자는 곳으로부터 멀리 떨어져 있기 때문에 그럴 일이 없었다. 그런데 요즘은 부엌이 냉장고 하나에 다 들어와 버리는 바람에 잠결에 지분지분 씹을 거리가 너무도 많은 것이다. 냉장고도 현대인의 질병 중의 하나이다. 자다 일어났을 때 소량의 물 이외에는 절대로 먹지말라! 그리고 하나 잊지말아야 할 지혜로운 일이 있다. 구강 속은 자는 동안 썩게 마련이다. 밤에 자다 일어났을 때는 반드시 수돗물로 "양치질을 하라." 그리하면 박테리아가 쏟아져 나간다. 구강의 건강이 엄청 좋아진다. 옛 어른들도 머리맡에 물사발과 요강을 두었다가 양치질을 하곤 하셨던 것이다.

* 오후불식午後不食이란 부처님께서 만드신 제도인데 원시불교로부터 소승불교에 이르기까지 오늘날도 지켜지고 있다. 정오로부터 그 다음날 해가 뜰 때까지 아무것도 먹지 않는 것을 의미한다. 그리고 해가 떠서부터 정오까지는 마음대로 먹을 수 있다. 초기 승단에서는 걸식을 해야 했기 때문에 참으로 각박한 제도였으나, 몸에는 최상의 보시라 말 할 수 있다.

* 내가 독일 극작가 마누엘 루트겐홀스트와 같이 연출한 『시간의 그림자』라는 연극이 있다. 이 연극에서 흑우黑雨 김대환金大煥선생이 북을 치고, 그 북에 맞추어 춤을 춘 아주 탁월한 강송원이라는 무용수가 있었다. 매우 영적인 안무를 하는 사람이었고 그 몸매가 너무도 날렵하고 늘씬했다. 짝 달라붙은 무용복을 입은 자세만 보아도, 풍기는 서기가 있었다. 그런데 그 연극이 끝나고 나서 강군이 사라졌다. 소식이 두절된 것이다. 몇년 지났을 것이다. 갑자기 강군에게서 전화가 왔다. 그래서 둘이서 자주 갔던 동숭동 라면집에서 만났는데 나는 그의 외모에 놀라고 말았다. 태국의 승려가 되어 돌아온 것이다. 황갈색 누런 도포로 몸을 칭칭 감고 있었다. 한 3시경이었다. 그래서 라면을 먹자고 하니깐 자기는 못먹는다고 했다. 그리고 오후불식의 계율과 그 생활을 나에게 일러주었다. 나는 그의 오후불식론에 충격을 받았다. 그 뒤로 나도 오후불식을 하기로 결심했다. 그런데 말이 그렇지 서울 생활에서 나같은 범인이 오후불식을 실천

하기란 너무도 힘든 것이다. 양명자 말대로 우부우부愚夫愚婦와 같은 평면에서 생활을 할 줄도 알아야 하는 것이다. 그래서 나는 며칠을 견디다가 기발한 "오후불식"을 생각해 냈다. 내 오후불식은 정오 오午자가 아니라 다섯 오五자이다. 즉 오후 5시 이후로는 안먹는다는 것이다. 오후불식은 실천해보면 살찔 염려도 없고 아침식사가 그렇게 맛있을 수가 없고, 또 엄청난 시간을 번다.

＊ 그런데 역시 나는 우부우부愚夫愚婦에 불과한 모양이다. 요즈음 밤늦게까지 글을 집중해 쓰다보니 배가 출출해서 견딜 수가 없다. 그래서 맛있는 음식점을 찾아 먼곳까지 다녀왔다. 그런데 아침에 일어나니 후회막급이다. 어떠한 경우에도 오후불식은 지키는 것이 좋다. 시간 버리고 돈 버리고 몸 버린다. "거인욕존천리去人欲存天理"의 길은 참으로 멀고도 멀다.

＊ 흑우선생은 『반야심경』을 무리하게 많이 쓰시다가, 그리고 노쇠한 몸으로 오토바이 하레를 즐기시다가 예상보다 일찍 불귀의 객이 되고 말았다. 나는 그의 시신을 염하는 곳에 같이 있었다. 강군은 지금 어디서 무엇을 하고 있는지 궁금하다. 지금도 도포자락을 휘날리며 태국의 초원을 걷고 있을까?

＊ 연역의 폭력은 형이상학의 폭력이다. 그것은 철학의 폭력이고 정치의 폭력이다.

※ 이 세상엔 참 가슴아픈 일이 많다. 인간이 너무도 억울한 일로 터무니없는 좌절을 당했을 때 우선 자신의 정결함으로써 마음을 다스려 건강을 해치지 말아야 한다. 과거의 쓰라림을 되돌아보지 말고 다가오는 앞날의 가치를 찾는 것이 더 소중한 일이다. 억울함은 반드시 풀린다. 그 억울함 때문에 오늘의 "나"가 다쳐서는 아니 된다.

※ 이 나라는 날로 암흑과 공포의 구렁텅이로 빠져들어가고 있다. 야만의 시대다.

※ 법해석이란 쇼다.

10月 23日(金)

※ 여름 내내 방에서 모기에 안 물렸는데 오늘 발과 손에 두 방을 물리고 단잠을 깰 수밖에 없었다. 소진탁 선생님께 기생충학을 배우면서 모기가 얼마나 정교한 생물인지, 그리고 얼마나 거대한 우주의 순환 속에 있는지를 깨달았다. 그러나 모기는 정말 야비하다. 나 같은 철학자의 피도 마음대로 빨아먹고, 또 정정당당하게 나타나질 않고 교묘하게 숨는다. 모기가 숨는 매카니즘을 보면 도대체 고도의 지성이나 계산능력이 있는 생물이 아닐까 하는 생각도 든다.

* 사법부가 행정부의 눈치를 보면 볼수록 사법부는 자신의 독자적인 권위를 상실한다. 공적인 사태에 대하여 부도덕한 판결을 내리면 내릴수록 결국 국민의 마음속에 대한민국 법질서라는 것 그 자체가 부도덕하게 되어버려 그 권위는 감소하게 된다. 그러면 결국 사법계 사람들은 자신의 권력을 축소하게 되는 것이다. 영국의 사법부가 지니는, 그 기나긴 역사에서 배어나오는 권위와 합리성은 본받을 점이 있다. 우리의 법질서는 언제나 국민의 사랑을 받게 될 것인가?

* 법관들은 법을 알기 전에 대인의 도(大人之道)를 알아야 한다. 대인의 도란 명덕明德·친민親民·지선至善, 이 세 단어로 요약되는 것이다.

* 때로 술이 먹고 싶어진다. 술에 취하고 싶고, 인간과 격없는 대화를 나누고 싶다.

* 왕양명이 주희가 사사물물에 내재하는 객관적 천리天理를 말한데 반하여, 그 천리가 결국 내 마음吾心 속의 양지良知의 리理일 뿐이라고 주장한 것은 그가 주관적 유심주의 체계를 세우려는 것이 아니라, 당시 왕양명이 살았던 명나라의 지식분자들에게는 객관적 리를 탐구하는 격물정신은 커녕, 가슴속에 일말의 양심조차 없었기 때문이었다. 그만큼 세태가 타락해 있었

다. 주원장이 너무 개인적 카리스마가 강하고 또 체력이 강해 모든 국사를 스스로 처리하는 전제를 행하였는데, 전제專制란 여간한 에너지의 소유자가 아니면 할 수가 없는 것이다. 영락제 이후의 황제들은 그러한 에너지가 없었기에 모두 환관의 손에 놀아날 수밖에 없었고, 따라서 민중의 고통은 그만큼 극렬해졌다. 게다가 몽고의 지배를 받으면서 생명경시사상이 생겨, 정변에 의한 주륙의 형태가 이전과는 상상도 할 수 없는 범위였다. 개국공신인 호유용胡惟庸이 승상丞相의 지위를 이용하여 당파를 결성하고 반란을 꾀하고 있다는 음해가 있자, 주원장이 호유용을 제거하는데 호의 역모에 가담했다고 인정되어 주륙을 당한 자가 1만 5천 명이나 되었다(1380). 혁혁한 무훈을 세운 명장 남옥藍玉을 숙청할 때도 자그마치 2만 명을 주륙했다(1393). 명나라의 인민들은 송나라의 인민들에 비해 훨씬 불행했다. 그런 불행 가운데서 왕양명의 심학心學이 태어난 것이다. "육경이 별 것이 아니라 내 마음의 상도일 뿐이다. 六經非他, 吾心之常道也"라고 외치는 양명심학은 육경에 대한 지식을 핑계 대고 민중 위에 군림하는 인간들을 향하여 양심의 자각을 호소하는 절규였던 것이다. 법조문 조금 외우고 있다고 양심을 망각하는 지성을 과연 지성이라 할 수 있는가!

* 왕양명은 57세 때 노구의 몸으로 광서성의 사은부思恩府와 전주田州의 난을 평정했는데 몸이 극도로 피폐해 있었는데도 불

구하고 병가도 허락되질 않았다. 당시 전국을 통틀어 왕양명만한 군사전략가가 없었기 때문이다. 양명은 민중의 지지를 얻었기 때문에 군사의 결집이 용이했고 기습작전으로 적의 핵심부를 공격하여 전역의 기간을 단축시키고 인명을 많이 희생시키지 않았으며 대부분의 유적流賊도 민간으로 덕화德化시켰다. 사·전의 난을 평정하고 이어 팔채八寨, 단등협斷藤峽의 반적反賊을 제파하고 강서성 매령梅嶺을 넘어 남안南安에 이르러 남창南昌으로 가는 배를 탔는데, 그 배가 청룡포靑龍舖에 이르렀을 때 서거하였다. 남안에서 배에 오를 때에 그 지역 관리로서 문인門人이었던 주적(周積)이 양명을 동반키 위해 배에 올라탔다(1528년 11월 25일). 양명은 찾아온 문인을 대하기 위하여 일어나 앉았는데 해소가 그치질 않았다. 서서히 주적에게 물었다:"근래 학문의 진보가 어떠하뇨?" 주적은 자신의 정사政事로써 대답하였다. 그리고 도체道體가 무양無恙하신가를 여쭈었다. 양명은 대답하였다: "병세가 위급함에도 불구하고 내가 아직 죽지 않고 있는 것은 원기元氣가 남아있기 때문일 뿐이로다. 病勢危亟, 所未死者, 元氣耳." 주적이 물러나와 의사를 데리고 와서 진맥하고 약을 투여하였다. 사흘이 지난 후 밤에 배가 어딘가에 정박하였다. 양명은 물었다: "어디인고? 何地?" 양명을 시중들던 시자가 말씀드렸다: "청룡포에 도착하였습니다." 그날 밤을 지내고 이튿날 양명은 주적을 불러 들라 하였다. 주적이 방에 들어온지 한참이 지난 후에 양명은 간신히 눈을 뜨고 주적을 바라보며 말했:

"내가 가는구나! 吾去矣!" 주적이 흐느끼며 눈물을 떨구었다. 울먹이는 소리로 여쭈었다: "남기실 말씀은 없습니까? 何遺言?" 이때 양명은 환히 미소를 지으며 말했다: "이 내 마음이 광명한데 또다시 무슨 말을 하겠느뇨? 此心光明, 亦復何言?" 그리고 조금 물끄러미 바라보더니 눈을 감고 세상을 떴다. 1528년 11월 29일 진시辰時였다.

* 역사를 제대로 아는 자는 지명地名을 안다. 그만큼 땅의 역사가 중요하다.

* 확연무성廓然無聖이라는 말이 갑자기 생각난다. 이것은 『벽암록』 제1 공안에 있는 말이다. 이 첫 공안은 양무제와 달마의 첫 만남을 그리고 있다. 둘 다 쟁쟁한 인물이다. 양무제는 달마가 누구인지를 몰랐다. 그냥 중놈이거니 하고 물었다: "도대체 최고 성스러운 진리라는 게 무엇이오?" 달마가 대답했다: "텅 비었지. 성스럽긴 뭐가 성스럽노?" 양무제가 괘씸하다 생각하여 물었다: "짐을 마주보고 있는 그대는 누구뇨?" 달마가 대답했다: "몰라." 그리고 달마는 사라졌다. 나중에 양무제는 이 이야기를 지공이라는 당대의 최고의 스님에게 말했다. 지공은 깜짝 놀라 말했다: "폐하! 아직도 이 사람이 누군질 모르신단 말입니까?" 양무제는 말했다: "몰라." 양무제는 달마를 뒤늦게 찾으려 했으나 헛수고였다.

* 이 이야기가 무슨 대단한 경지를 전傳하는 심인心印이라기보다는 일상에서 체험하는 흔한 이야기로 생각해도 별 문제 없다. 나의 경우만 해도, 많은 사람들이 내가 옆에 있을 때는 무시를 했다가 나중에 뭘 알아차렸는지는 모르지만 만나자고 할 때가 많다. 나는 그런 자리에는 가질 않는다. 어차피 인연이 닿질 않은 것인데 그 인연을 보수할 필요가 있겠는가? 나는 진리의 인연에 매달릴지언정 사람의 인연에는 매달리지 않는다. 사람의 인연이란 그냥 흘러갈 뿐이다.

　* 얼마 전에 어느 자리에서 여당 국회의원을 만났는데 내가 4대강 이야기를 하니깐 듣고 가면서 "4대강에 관하여 말씀드리고 싶다"는 문자메시지를 넣었다. 중요한 자리에 있는 사람이라면 내가 왜 토론을 마다하겠느냐만, "말씀드리고 싶다"는 이야기가 일방적으로 나에게 선전문구를 나열하겠다는 의도라면 참 딱한 일이라는 생각이 들었다. 서로의 의견을 들어가면서 서로의 생각의 진의를 파악하는 것이 중요하다. 4대강정비사업이라고 왜 무조건 나쁘기만 하겠는가? 그 방법이나 시의적 선택이 국가적 에너지의 효용이나 정책의 효율면에서 저열한 알터너티브를 택할 필요는 없다는 것이다. 그 자체의 작은 당위성을 말해서는 아니 되고 그 당위성이 처한 포괄적 국가전략을 이야기해야 되는 것이다.

* 그런데 오늘 그 국회의원에게서 책이 하나 날아왔다. 4대강에 관한 선전책자가 아니라, 오페라 이야기와 그 이야기를 반영한 세계 미술관의 명화에 관한 아주 간결하고 명료하고 전문적인 자신의 저술이었다. 기분이 좋았다. 격格을 지킬 줄 아는 사람이었다.

* 나의 생애에서 만난 고승으로 나는 원공(圓空) 스님을 꼽는다. 훌륭한 고승은 무수히 많을 것이나 내가 직접 만나뵌 분으로서 인상이 깊었다는 이야기일 뿐이다. 원공 스님은 도봉산 천축사 무문관에 사셨는데 조그만 방에서 6년을 일체 나가시지 않고 홀로 사셨다. 조그만 구멍이 있어 그리로 밥만 들어왔다. 무문관의 고행이 끝나고 내가 스님을 뵈었는데 체격이 건장하고 얼굴이 해맑았다. 스님이 사시는 방에 들어갔을 때 충격적인 것은 창호지로 바른 방 전체가 완전히 민짜 한지 색깔이었는데 아무 것도 눈에 걸리는 것이 없었다. 달마가 말한 "확연무성"이라는 게 이런 거로구나 하는 생각이 들었다. 서권書卷에 짓눌려 사는 나로서는 너무도 신선했다. 더욱 나를 놀랍게 하는 것은 그 스님의 어린애 같은 소박함이었다. 문명의 이기를 거부하고 평생을 두발로만 걸어다니시는 것으로 유명하신데 도로 사정이 나빠 곤욕을 많이 치르신 것으로 알고 있다. 부산을 다녀왔다고 말씀하시면 그것은 고무신 발로 걸어갔다가 고무신 발로 걸어오셨다는 의미인 것이다. 가는데 보름, 오는데 보름이 걸린다고

한다. 요즈음은 어디서 어떻게 지내시는지 퍽 궁금하다.

＊ 알면서 행치 아니 하는 것은 모르는 것이다(知而不行, 只是未知).

＊ 종신 행하지 않으면 종신 모른다(終身不行, 亦遂終身不知).

＊ 행하면서 투철하게 깨닫고 정밀하게 살피면 그것이 곧 지知가 되고, 아는 것이 진실하고 절실하며 독실하면 그것이 곧 행行이 된다(行之明覺精察處便是知, 知之眞切篤實處便是行).

우당선생께서 일경의 고문끝에 순국하신 요녕성 대련 수상경찰서.
EBS다큐멘터리『도올이 본 한국독립운동사 10부작』촬영시 방문. 2005년 5월 31일.

10月 24日(金)

＊ 갑자기 북경삼걸北京三傑이라는 단어가 머리에 떠오른다. 요즈음 주변에서 일말의 타협도 없이 치열하게 사는 사람을 만날 수 없기 때문인가 보다. "북경삼걸"이란 세 분이 공교롭게도 북경에서 함께 사신 기간이 있었기 때문에 생겨난 말인데, 이 분들은 중국의 대문호 루쉰(魯迅)과도 가깝게 지내셨다. 단재 신채호, 심산 김창숙, 우당 이회영, 이 세 분은 모두 아나키스트의 성향을 가진 분들이었다. 아나키즘(anarchism)이라는 말이 우리말로 "무정부주의"라고 잘못 번역되는 바람에 마치 아나키즘이 정부를 전복하는 무질서한 폭력적 사상처럼 오해되고 있지만, 아나키즘은 인간세의 불필요한 권력제도를 최소화시키자는 생각이 있지만 작은 공동체적 삶을 이상으로 삼는다. 아나키즘의 가장 순수한 형태가 노자철학(Laoism)이라고 말할 수 있다. 단재는 여순감옥에서 숨졌고, 우당은 대련 수상경찰서 유치장에서 고문당해 숨졌고, 심산은 신학제 성균관대학을 만들고도 우남 이승만과 일말의 타협을 하지 않았다. 지난 세기의 가슴아픈 역사 속에서 석학들로서는 가장 치열하게 사신 분들이 아닐까 생각한다.

＊ 비행기를 탈 때 조그만 연필칼이라도 짐 속에 들어있으면 안된다. 그런데 나는 항상 책가방을 들고 다니는 습관이 있다. 그 속에는 어김없이 필통이 들어있는데, 그 필통은 내가 고등학교 때부터 가지고 다니던 것이다. 그리고 그 속에 든 연필칼도 고등학교 때부터 거기 있던 것이다. 그러니까 한 46년 된 것이다. 필통은 플라스틱으로 만든 것인데 다 헐어 몇 년을 더 버틸지 모르겠고, 칼은 플라스틱 집이 있었던 것인데 그런 것은 다 사라지고 칼만 남아 있다. 지금도 아주 잘 든다. 그러니까 이 필통과 칼은 나와 학문의 역사를 같이 한 셈이다. 그런데 국내비행기로 여행할 때 부지불식간에 이 필통을 가방 속에 넣고 탈 때가 있다. 그러면 꼭 엑스레이x-ray 검색대에 걸린다. 아무리 사정해도 통하지 않는다. 이런 경우 좀 융통성이 있으면 좋겠는데 또 나라고 융통성을 요구해서는 안될 것이다. 어떤 때는 그 칼 하나 때문에 비행기 타는 것을 포기할 때도 있다.

＊ 오늘 드디어 투서投書가 날아왔다. 주변의 주민인데 닭울음에 수면이 방해를 받으니 어떻게 해달라는 것이다. 그 동안 며칠 동안 닭 잡는 일이 겁나(몸에 상처가 난다) 방음방에 안 가두었더니 역시나 항의가 들어온 것이다. 그러나 이웃의 수면방해 요인을 내가 제공하면 안될 것이다. 어떤 조치가 필요할 것이다. 최선의 방책은 결국 닭을 없애버리는 것인데, 없애버린다는 것은 그토록 찬란한 생명의 종료를 의미하는 것이다. 그런데 그런 것

은 나로서는 상상하기가 어렵다. 나는 페트를 키우는 것이 아니다. 자연 속에 자연스럽게 사는 생명을 보호하는 것뿐이다. 나에게 투서를 하는 익명의 이웃은 분명 닭울음에 노이로제가 걸린 사람일 것이다. 그것을 자연스럽게 아름답게 들을 수 있는 마음의 여유가 없는 것이다. 그것도 한 사람이 계속 항의하는 것이다. 대다수의 이웃은 계림의 닭들을 자랑스럽게 생각하고 화제에 올린다. 옛 시골에 사는 정취가 있어 참 좋다는 것이다. 그러나 단 한 사람의 노이로제성 항의라도 나는 묵살할 수는 없다고 생각한다. 하는 수 없이 새벽에 많이 우는 메시와 리즈를 다시 방음방에 가두기로 했다. 매일 밤 거대한 장닭 두 마리를 잡아 가두는 일이 보통 일이 아니다.

10月 25日(日)

※ 메시와 리즈의 소리가 들리지 않으니까 그동안 별로 울지 않았던 길가란 놈이 또 6시경 울어댄다. 그러나 길가는 소리도 길지 않고 많이 울지 않는다. 안면安眠 방해라는 것은 가당치 않다. 도시의 소음이 얼마나 많은가? 인간은 너무 인간 중심으로 살고 있다.

※ 길가의 울음소리는 없어진 동료를 찾는 소리 같았다.

＊ 어제 영암을 다녀왔다. 영암靈巖은 참으로 영험스러운 곳이다. 금강산을 오그려 붙여도 월출산의 영묘함에 못미친다. 월출은 천하의 영산靈山이다.

＊ 월출산 최고봉인 천황봉天皇峰을 마주보고 있는 또 하나의 거대한 바위봉우리인 구정봉九井峰 꼭대기에는 말 그대로 아홉 개의 바위구덩이가 있다. 항상 물이 고여있어 웬만한 가뭄에도 마르지 않는다.『동국여지승람』에도 이와 같이 적혀 있다: "가뭄에도 마르지 않는다. 민간전승에는 아홉 용이 그 곳에 살았다고 한다. 雖旱不竭, 諺傳九龍所在。" 속담에는 하늘 선녀의 옷을 감춘 나무꾼 이야기가 여기서 벌어졌던 일이라고도 한다. 그런데 이 구정봉 아래에 동석動石이라는 흔들바위가 있다.『승람』에 다음과 같은 이야기가 적혀있다: "그 바위의 높이는 한 길 남짓하고 둘레는 열 아름 정도 되는데, 서쪽으로는 산마루에 붙어있고 동쪽으로는 깎아지른 낭떠러지에 임해 있다. 그 무게가 수천백 사람이 흔들어도 흔들리지 않을 듯하다. 그러나 한 사람이 흔들어도 흔들리지만, 떨어질 듯하면서도 떨어지지 않는다. 그래서 이 바위를 영석靈石이라고도 불렀던 것인데 영암이라는 군명이 바로 이 바위에 유래한 것이다. 高可丈餘, 周可十圍。西付山嶺, 東臨絶壁。其重雖用千百人似不能動搖, 而一人搖之則欲墜而不墜, 故亦稱靈石。郡之得名以此。"

※ 민담에는 원래 흔들바위가 세 개 있었는데 이 삼동석三動石 때문에 영암에 큰 인물이 난다고 하였다. 그런데 이를 시기한 중국 사람들이 바위 세 개를 전부 떨어뜨렸는데 그중 하나만이 제자리로 다시 올라갔다 한다. 나머지 두 개는 도갑과 용암 아래에 있다. 이 민담은 많은 것을 말해준다. 지금 영암을 육지내의 고을로 아는데 옛날에는 이곳이 유명한 항구도시였다. 경주 사람들도 당나라로 유학을 갈 때면 반드시 이곳 상대포上臺浦에서 떠났다. 왕인박사도 이 상대포에서 일본으로 갔고, 최치원 역시 이곳에서 당나라 유학을 갔다. 영암의 상대포, 충청도의 당진唐津, 예성강 하구의 벽란도碧瀾渡는 모두 지금의 부산과도 같은,

영암 구림마을 상대포. 국제적 무역항의 자취. 1981년까지만 해도 해수가 여기까지 들어왔다. 저 멀리 오른쪽 끝에 보이는 바위가 중국, 일본 등지의 선박이 접안하였던 부두였다.

당대의 국제 무역항들이었다. 특히 영암에 배를 정박하면 바로 보이는 월출산의 장관은 많은 사람들을 매혹시켰을 것이다. 그러니까 중국사람들이 삼동석을 시기했다는 것은 이러한 국제도시의 배경을 깐 설화인 것이다. 월출산月出山도 우리는 그냥 "달이 솟는 산"으로 알지만, 실상 그 지명은 예로부터 월지국月支國과 관계가 있다.

* 조선왕조의 세조때 만들어진 설화이지만 다음과 같은 재미있는 이야기가 있다. 세조는 피부병으로 고생한 왕으로 유명하다. 사람을 많이 죽인 업 때문인가 하여튼 온갖 종양으로 고생을 했다고 한다. 전국의 온천지역을 찾아다니며 치료를 했는데 한번은 오대산 상원암에 가게 되었다. 여름날이 하도 무더워 수종하는 사람들을 물리치고 오대산 계곡에서 홀로 목욕을 하고 있는데 상원암으로 오르는 오솔길에 동자童子가 하나 서서 그를 물끄러미 바라보고 있었다. 임금은 그 동자를 불렀다. "이리 와서 등에 물이나 끼얹어 주려므나!" 그러자 동자가 팔짝팔짝 뛰어와서 세조의 등에 물을 끼얹어 주었다. 동자가 끼얹어 주는 물이 몹시 시원했다. 그러나 동자의 이런 행동은 위험천만한 일이었다. 동자가 임금의 벌거벗은 몸을, 그것도 종양으로 덮힌 흉한 모습을 보았으니 죽어 마땅한 것이다. 그러나 차마 그럴수는 없었다: "얘야! 어디가서 이 나라의 임금을 보았다고 그런소리 하덜마라! 그러면 큰일난다." 그러자 그 동자가 대답했

다. "임금님! 혹여 다른 사람에게 문수동자가 임금님 등에 물끼얹었다고 말하지 마세요!" 그리고 동자는 홀연히 자취를 감추었다. 나중에 세조는 이 얘기를 수미왕사에게 물어보았는데, 수미왕사는 다음과 같은 이야기를 했다: "문수보살은 월지국 사람인데 불법이 동방에서 크게 떨칠 것을 알고 동방으로 나들이를 하였습니다. 그런데 처음 도착한 곳이 영암의 월출산입니다. 월출의 의미는 문수보살께서 월지국으로부터 처음 나타나셨다는 의미입니다. 임금께서는 바로 그 문수보살의 은혜를 입으셨습니다." 이 말을 듣고 세조는 월출산 도갑사에 국고를 지원하여 대대적인 불사를 일으켰고 도갑사에 주석하는 승려들에게는 조세나 군역을 면제케 해 주었다. 도갑사에 소장되어 있는 목조의 문수보살 동자상(보물 제1134호)은 이 설화를 입증하고 있다. 월출산과 월지국과 무슨 관계가 있는지 모르지만 영암사람들의 국제적 감각을 나타내주는 또 하나의 설화라고 할 것이다.

* 월지국은 대월씨국大月氏國이라고도 부르는데 BC 2세기경 박트리아(Bactria: 지금의 아프카니스탄 지역)로 진출하여 대 제국을 건설했다. 이 대제국이 나중에 다섯 제후국으로 나뉘었는데 그 중의 하나가 푸루샤푸라(Purushapura: 페샤와르)를 중심으로 하는 쿠샨 왕조(Kushān Dynasty)이다. 이 쿠샨왕조의 대업을 성취한 사람이 카니쉬카대왕(Kanishka I)인데 아쇼카왕과 더불어 불교의 일대보호자가 되었다. 불전의 결집도 이곳에서 이루어졌고,

설일체유부說一切有部의 본거지이기도 했다. 카니쉬카 대왕 때 쿠샨왕조는 중국, 로마, 파르티아와 병칭되는 유라시아 대륙의 4대 강국중의 하나였다. 바로 이 쿠샨왕조를 통하여 중앙아시아, 중국, 한국에 대승불교가 전파되게 된 것이고, 그 유명한 간다라(Gandhāra)예술과 마투라(Mathurā)예술이 바로 이 쿠샨왕조에서 개화된 것이다. 그러니까 영암지역은 매우 일찍이 쿠샨왕조와 직접 소통했을 가능성이 충분히 있다.

* 그러나 영암이라는 이름이 동석이라는 바위 하나에서 유래되었다는 설은 온당치 못하다. 나는 월출산을 바라보며 다음과 같은 시를 하나 지었다.

> 靈巖何由動石來
> 萬佛崢嶸無不靈
> 皆骨約之不及此
> 呼小金剛瀆固形

> 영암이란 이름 어찌 흔들바위
> 하나에서 유래되었다고 하느뇨
> 천만개의 부처바위가 서로 그 장엄한
> 자태를 뽐내니 모두가 영암아닌 것이 없도다
> 금강산을 줄여놓아도 월출에 미치지 못한다
> 월출을 소금강이라 부르지 말라!
> 어찌 그 고유의 아름다움을 모독하랴!

보물 제1134호
기사문수동자상
騎獅文殊童子像
도갑사 소장

* 도선은 영암 월출산 기슭에서 태어났다. 때는 흥덕왕 2년, 827년이었다. 그 어미의 성을 광양 옥룡사 비문에는 강씨姜氏라 했고, 도갑사 비문에는 최씨崔氏라 했으니 어느 것이 맞는지도 모른다. 옥룡사비에는 어떤 사람이 빛나는 구슬 하나를 삼키라 했다했고, 도갑사 비에는 겨울철에 강가에서 빨래를 하다가 떠내려오는 오이를 삼켰다고 했다. 하여튼 도선의 엄마 최씨(혹은 강씨)는 처녀의 몸으로 애를 밴 것이다. 이것은 설화문학이기 전에 실제로 도선의 출생이 비천하며 매우 힘난한 삶을 살았다는 현실을 반영하는 이야기일 것이다. 어미 최씨가 부끄러워 갓난아기 도선을 바위 위에 버렸는데 그 아기를 비둘기들이 와서 덮어주며 보호했다고 한다. 그래서 하는 수 없이 어미가 도선

봉혜처럼 살리라

을 다시 데려다 길렀다. 그 마을을 구림(鳩林: 비둘기 숲)이라 하는데 지금도 단아한 자태 그대로 남아있다. 그 구림마을 입구에 태조 왕건의 창업에 큰 공을 세운 최지몽(崔知夢, 907~987)의 생가 뒤로 도선을 내버렸다는 바위가 지금도 남아있다. 동네사람들은 그 바위가 멀리서 보면 희끗희끗하여 "백암바위"라고 부르는데, 문헌상으로 국사國師가 태어난 곳이라 하여 "국사암國師巖"이라고 부른다. 월출산 주지봉을 주산으로 쌍룡에 안긴 구림마을은 2천2백여년의 오랜 역사를 지닌 조선 굴지의 명촌이다. 그런데 백암바위를 실제로 가보면 매우 감동적인 우리민족의 기도의 역사를 목격할 수가 있다. 백암바위를 가보면 수없는 구멍들로 덮혀있다. 그 구멍들은 국사암이 신령하다 하여 옛 마한시절부터 조선왕조에 이르기까지 수없는 사람들이 대대로 기도를 올린 자취이다. 그들은 그곳에서 기도를 올리며 그 구멍을 돌로 비비는 제식을 하는데, 그것이 대를 물려 몇백년 지속을 하는 가운데 그 형태가 깊어진 것이다. 민중의 바램 서린 풍진의 역사가 그 바위에 새겨져 있는 것이다. 부처님 코를 갉아 먹는 것 보다는 훨씬 더 소박하고 추상적이고 아름답다. 한 집안에서 한 구멍을 정해놓고 대대로 빈다고 한다. 기도를 올리는 사람들이여! 교회나 절 건물 안에서 기도를 올리지 말라! 백암바위, 밤하늘의 별이 초롱초롱한 그 탁 터진 공간에서, 남해의 바람이 월출산의 영기를 휘감아 솔솔부는, 성직자나 성상聖像의 위세 없는, 그곳에서 진실한 소망을 빌어보라! 그대 내면의 울림에 천지가 감응하리라!

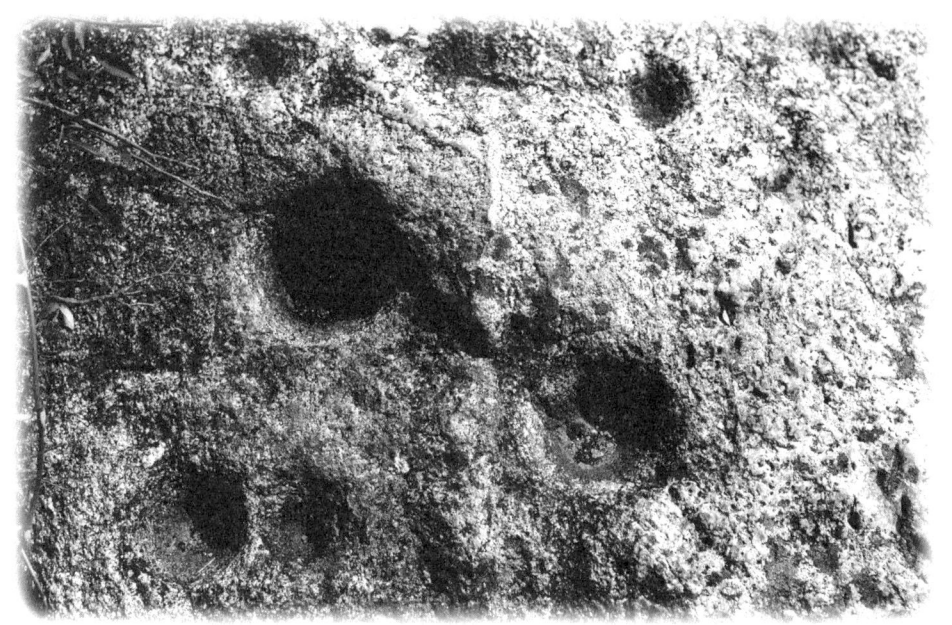

※ 나는 세상을 거스르지 않는 지혜를 많이 배웠다. 그러나 거스르지 않는다고 정의로운 견해를 상실하면 그것은 변절이다. 아니, 그것은 죽음이다.

※ 아침에 일어나 정원에서 물끄럼이 봉혜를 바라보는데 갑자기 측은한 생각이 들었다. 새끼들이 너무 커서 그런지, 또 꽁지 깃털이 다 빠져서 그런지 상대적으로 왜소하게 보이고 그 단아한 모습이 처량하게 보이는 것이다. 요즈음 꽁지에서는 새까만 새 깃털이 솟아나고 있다.

＊ 유월이들 전례를 따르자면, 봉혜가 새끼들을 가혹하게 쪼아 독립시킬 시기이다. 그런데 아직 그런 조짐은 보이지 않는다. 새끼들과 함께 먹고 함께 생활하고 있다. 열한마리의 새끼들도 모두 건강하게 어미를 따르고 있다. 전번에는 새끼들을 쪼고 난후 사흘만에 알을 낳았는데, 요번에는 아직 그런 홀몬의 변화가 없는 듯하다. 계절 탓인 것 같기도 하고 꽁지가 빠진 것과도 관계가 있는 듯하다. 아무래도 추우니까 몸의 신진대사가 왕성하지 않고, 독립보다는 군거를 선택할지도 모른다. 허나 앞날은 아무도 모른다. 꽁지가 빠졌으니 측백나무 위로 다시 날아올라가기는 어려울 것 같다.

＊ 영암에 가서 하루종일 우는 수탉 메시 이야기를 했더니 그곳에서 닭을 오래 키우신 분이, 그렇게 계속 우는 현상은 수탉이 자기의 위세를 과시하고 다른 닭을 자기 수하에 계속 거느리는 관리행위라고 설명했다. 일리가 있다. 메시는 하도 울어서 (에너지 소비가 크다) 몸도 크지 않지만 막강한 카리스마를 계속 유지하고 있다. 메시는 치킨 킹(Chicken King)인 셈이다.

＊ 구월이들이 점점 자라고 있는데 현재까지는 유월이들 다섯마리와 구월이들 열한마리는 각기 다른 영역에서 그룹지어 생활한다. 구월이들이 자라면서 유월이들과 어떤 관계를 지닐지, 성장하여도 모종의 그룹 아이덴티티를 유지할지, 하여튼 이런

것들이 나에겐 궁금한 사항이다.

  ✻ 닭들이 뜨락에 노니는 것만으로도 그 뜨락이 땅의 공간이 아니라 그것 자체로 하나의 유기체 생명이 되어버렸다. 나는 보이지 않는 그 공간의 생명성을 포기할 수가 없다. 태허太虛는 무형無形이지만, 생명적 기氣의 본체本體라고 말한 횡거橫渠의 언급이 새삼 생각난다(太虛無形, 氣之本體。『정몽正蒙』).

  ✻ 구약의 예언자들의 외침을 무지몽매한 이스라엘민족도 존중할 줄 알았다. 그것은 하나님의 소리를 전하는 것이라 믿었기 때문이다. 『구약』을 사랑하는 현 정권의 담당자들이 어찌하여 그다지도 진리의 소리 그 자체를 틀어막으려 하는가? 노무현은 자신의 정치에 대하여 어떠한 비판의 소리라 할지라도 그 소리 자체를 틀어막지는 않았다. 현정권이 과거의 정책과는 다른 어

떠한 정책을 감행해도 그것은 자유이다. 그러나 그 정책에 대하여 반대하는 목소리를 죽일 수는 없다. 최소한 아무리 보수적인 정책을 편다해도 그 정책에 대한 자유로운 의사표시와 그 의사표시가 민중에게 전달되는 루트를 봉쇄하는 짓을 해서는 안될 것이다. 그 봉쇄의 결말은 나치즘이다. 나치즘의 결말은 민중의 수난과 나치즘의 자멸일 뿐이다. 나는 진리를 말할 뿐이다. 그것이 과연 진리인지는, 예언자가 진실로 야훼의 말을 전하는지 전하지 않는지를 판정할 수 없는 것처럼, 아무도 모른다. 최선의 방도는 내버려 두는 것이다. 역사가 판결할 뿐이다.

＊ 낮에 잠깐 눈을 붙이는 것이 긴 시간의 피로를 효율적으로 풀 수도 있다.

＊ 요즈음 나에게 이상한 현상이 있다. 잠에서 깨어나기 직전에 눈은 감았는데 깜깜한 눈 속에서 아주 명료하게 읽을 수 있는 글씨가 보이는 것이다. 그것은 꼭 비몽사몽간에 일어난다. 그 글씨는 명료하게 읽을 수 있는데 내 의지와는 무관하다. 어떤 때는 기억될 때도 있고 어떤 때는 기억에서 사라져 버린다. 학문과 집필에 몰두하는 의식의 특수 현상일 것이다.

＊ 올해로 20회에 이르는 이건음악회는 좋은 음악회이다. 한국의 음악문화에 크게 기여하였다. 세계음악의 흐름 속으로 한

국인의 감성을 열어주었다.

＊ 오늘 김선욱군의 연주를 들었다. 그의 연주는 신적인 경지가 있다. 불과 21세. 그의 손가락은 악보를 대상화하지 않는다. 신의 소리에 따라 움직일 뿐이다. 그만큼 피아노가 내면화 되어 있고 감정의 흐름이 자연스럽다. 김선욱은 우리 국민의 사랑을 깊게 받아 마땅하다. 그의 음악세계는 한국의 땅내음새 속에서 피어난 순결한 이 땅의 힘이기 때문이다. 한국문화의 내면적 성숙도를 표출한 또 하나의 바로메타이다. 김선욱, 김연아, 비보이 갬블러즈, 라스트포원, 이런 젊은이들의 세계가 우리민족의 희망이다.

＊ 김선욱을 길러낸 김대진의 정신세계는 뚜렷한 주체성이 있다. 자랑스러운 한국인이다.

＊ 오늘 피아노의 지존 백건우를 만났다.

10月 26日(月)
＊ 새벽에 길가가 홀로 몹시 울었다.

＊ 김선욱군의 연주는 한 음 한 음이 매우 또렷하고 맑다. 그러면서 피아노라는 악기의 특성, 즉 여린소리의 풍요로운 질감

을 유감없이 살려낸다. 피아노 이전의 건반악기, 즉 하프시코드는 때리는 방식이 아니라 뜯는(plucking) 방식이며 그것은 건반의 강약에 따라서 소리의 강약이 조절되지 않는다. 피아노는 해머가 스트링을 때리는 방식이며 손가락이 건반을 치는 강약에 따라 소리의 강약이 조절된다. 18세기 초기로부터 이 새로 등장한 악기는 여리고 센 소리를 마음대로 조절한다고 하여 피아노포르테라고 불렀던 것이다. 피아노(piano)는 여리다는 뜻이고 포르테(forte)는 세다는 뜻이다. 피아노포르테를 줄여서 그냥 피아노라고 부르게 되었다. 이러한 피아노의 다이내믹 그라데이션(dynamic gradation) 때문에 피아노는 악기 중의 왕중왕이 된 것이다. 스트링을 붙잡아주는 틀이 과거에는 나무라서, 스트링을 팽팽하게 할 수가 없었다. 그러나 지금은 쇠주물로 만드는데 30톤이나 되는 스트링 텐션을 견뎌낼 수 있다. 그래서 소리의 강약이 엄청 증폭된 것이다.

* 김선욱의 연주는 한 음 한 음이 또렷하면서도 포르테와 피아노의 연속적 흐름이 신적인 평화로움(divine peacefulness)을 담고 있다.

* 한국에는 아직 위대한 지휘자가 부족한 것 같다. 지휘자는 악보에 충실하기 이전에 단원들의 감정의 흐름과 교통해야 한다. 교감이 선행하면서 악보가 따라와야 하는데, 대부분 그렇

질 못하다. 교향악 연주자들의 얼굴표정이 너무 굳어있다. 지휘자와 감정의 교감이 없이, 악보에만 충실한다. 우리나라 음악대학의 교육이 보다 자유로워져야 한다. 기독교라는 종교적 이념이나 서양음악이라는 권위의식에서 해방되어야 한다. 종교나 동·서의 지역성이 없는 "음악" 그 자체로 회귀되어야 한다.

 * 남의 인생에 관심을 갖는 사람, 그러면서 친절과 호의를 베풀지 못해 안타까워하는 사람은 대부분 정신병자들이다. 타인의 인생은 그 본인의 도움의 요청이 있을 때 한하여 진지한 관심이 요구되는 것이다. 평소에 멀쩡하게 살고있는 사람들에게 필요없는 관심을 표명하는 것은 죄악이다.

 * 특히 "인간은 구원되어야 할 존재"라는 생각을 가진 사람은 모두 잘못된 사람들이다. 그러한 생각을 가진 성직자야말로 구원의 대상이다. 인간은 구원의 대상이 아니다. 인간은 오직 스스로의 규율에 따라 살아갈 뿐이다. 인간은 구원의 대상(the object of Salvation)이 아니라 삶의 주체(the subject of Life)이다.

 * 구원의 열정에 빠진 사람들은 암암리 타인他人의 불행을 희구한다. 행복한 모습을 있는 그대로 볼 아량이 없으며 무엇인가 불행의 씨앗을 찾아내려고 눈에 불을 켜고 바라본다. 그래서 한 꼬투리라도 발견하면 구원의 친절을 베풀려고 안간힘을 쓴다.

이런 사람들은 진정으로 도움을 필요로 하는 자들에게는 도움을 주지 않는다. 행복하고 유복한 자들을 파멸시킴으로써 자기존재의 우위를 확인하고 스스로 즐거워한다. 이것이 대개 모든 종교의 본질이다. 구원의 기쁨이란 저주의 기쁨이요 마녀의 희열이다.

 * 서양 동화 속에선 반드시 마녀가 등장한다. 그런데 마녀는 예외없이 노인 할머니이다. 한 여자나 한 남자가 완고한 방식으로 늙어간다는 것은 우리의 삶을 공포스럽게 만드는 것이다.

 * 오늘은 너무도 슬픈 날이 될 것 같다. 아무리 고민을 해봐도 닭 울음소리가 해결이 되질 않는다. 하는 수 없이 리즈와 길가를 시골로 보내기로 했다. 아마 곧 누군가의 식탁 위로 올라갈 것이다. 이 끔찍한 결정을 내리지 않을 수 없었다. 사실 집안 마당에 똥이 너무 쌓이고 파리가 끓는다. 적정수준을 지키지 않을 수 없다. 울지만 않으면 데리고 있고 싶은데 매일 밤 방음방에 넣는 일도 서로에게 못할 짓이다.

 * 리즈의 우는 소리가 너무도 구슬프게 들린다. 내가 마지막으로 듣는 소리가 될 것 같다. 메시의 소리를 소프라노라고 하면 리즈는 알토의 소리인데 요즈음은 너무도 아름다운 음색을 낸다. 리즈는 외관이 특별히 아름답다. 새빨간 볏, 그리고 흰 깃털, 거대한 몸집에 꼬리가 하늘을 감싸고 있다. 그런데 몸통

가운데 깃털이 여린 밤색의 무늬로 아름답게 수놓아져 있다. 이 모습을 기억할 수 있는 마지막 날이다.

* 나는 생사별리生死別離라는 것을 생각해보았다. 결국 생명은 영원한 것이 아니다. 영원한 삶에 대한 집착을 버리는 것, 그것을 나는 오늘의 결단 속에서 뼈저리게 체험했다. 나 자신의 삶 또한 리즈와 길가의 "떠나감"과 무엇이 다른 게 있을까보냐!

* 리즈와 길가의 죽음은 오직 "이천식천以天食天"이라는 해월海月 선생의 가르침 속에서만 허용될 것이다.

* 유월이는 세 마리만 남았다. 잃어버린 동료를 찾는 모습이다.

* 잘 울지 않았던 바로(Pharaoh)가 친구가 떠나니까 내내 구슬피 울고 있다.

* 밤에 정원에 나가 수평대 위에 올라 앉아 허전한 마음을 달래었다. 구름 가린 달을 쳐다보며.

길가와 리즈의 마지막 모습. 新芉安

10月 27日(火)

* 잠자리가 편치 못하다.

* 매일매일 하루도 쉬지 않고 다량의 글을 쓴다는 것은 결코 쉬운 일이 아닌 것 같다. 예전에는 그러한 삶이 마냥 행복하기만 했는데 요즈음은 신체적으로 버겁다는 생각이 앞선다. 그러나 시간의 여백이 있는데 아무것도 안하고 멍하게 앉아있을 수는 없다.

* 오늘 새벽에는 잘 안 울던 바로가 울기 시작했다. 그것도 아주 열심히 울어제킨다. 바로도 방음방에 가두어야 할 것 같다. 바로는 눈치밥만 먹고도 덩치가 제일 큰 놈인데 그동안 울지 않았다. 울지 못하는 놈이 아닌가도 생각했는데 결국 성격이 소극적이라 눌려 지낸 것이다. 위세등등했던 리즈, 길가가 사라지니까 자기 목소리를 내기 시작한 것이다.

* 유월이 다섯 마리 중에서 두 마리가 사라지니까 그룹 아이덴티티가 상실된 듯하다. 이전에는 다섯 마리가 꼭 같이 행동했

는데 오늘은 각기 따로 놀고 있다.

＊ 놀랍다! 봉혜가 드디어 새끼를 쪼기 시작했다. 봉혜가 새끼로부터 독립하기를 힘쓰는 것이다. 다시 뻬딱구두 신고 핸드백 들고 구찌베니를 새빨갛게 칠하고 집문을 나서는 입센의 노라가 되어가고 있는 것이다.

쪼기직전의 단란했던 구월이들과의 마지막 모습

＊ 봉혜의 벼슬이 새빨갛게 살아나고 있다. 구월이는 유월이와는 달리 숫자가 많기 때문에, 그들을 다 쪼을 수가 없다. 봉혜는 자기가 독립적으로 다니기 시작했다. 뒤쫓아 오려는 새끼들을 쪼아버린다. 그런데 요번 구월이들은 본시 유월이보다 독립심이 강하다. 멀리서 새끼들이 삐약삐약하고 구원을 요청하는

소리를 질러도 봉혜는 가지 않는다. 바로 어제까지만 해도 그런 새끼 소리가 들리면 어쩔 줄을 모르고 사생결단 달려갔는데, 오늘부터 전혀 반응을 보이지 않는다. 참 놀라운 변화다. 그리고 새끼보다는 자신의 모이를 먼저 챙긴다.

＊ 자식이 구원을 요청하면 항상 달려가는 부모! 그것이 너무도 정당한 윤리라고 생각하는 인간세의 상식을 좀 수정할 필요가 있다. 봉혜는 새끼들이 독립할 수 있는 기반을 확고하게 만들어주었다. 그리고 그 기반이 확고하게 되기까지, 그 최후의 순간까지 최선의 노력을 다했다. 그리고 그 노력이 완료完了되었다고 판단하는 순간 더 이상 새끼의 울음에 귀를 기울이지 않는다. 그리고 자기생존의 관리와, 또 다른 생명의 잉태를 위爲하여 헌신하는 것이다. 평생을 자식에 매여 사는 부모! 결코 바람직하지 않다. 일정 시기가 되면 자식이나 부모나 서로가 거리를 두면서 경애하는 자세가 더 바람직하다.

＊ 봉혜의 식성은 변한다. 편식이 심한 것이다. 봉혜는 자신이 독립할 즈음에 지렁이나 멸치를 엄청 먹어댔다. 그런데 요즈음 지렁이를 보아도 먹지 않고 멸치는 물린 듯하다. 그리고 쇠고기 기름 같은 것을 주면 미친듯이 먹는다. 하여튼 계절이나 삶의 변화에 따라 편식을 적절히 하는 것이다.

✽ 인간세의 무지막지한 상식 중에 편식하면 안된다는 그릇된 명제가 있다. 편식은 건강의 첩경이며, 편식을 안하는 것이 오히려 죄악이다. 인간의 몸은 체질의 편차가 있으며 삶의 양태나 계절의 변화나 건강의 컨디션에 따라 호미오스타시스의 양태가 끊임없이 변한다. 아무 음식이나 골고루 잘 먹는 것만이 좋다는 것은 상식 이하의 명제이다. 이런 명제가 생겨난 이유는 단순하다. 근세로 접어들며 개화기 이후에 서양과학이 들어오면서 양적 사고가 팽창했고 수리적 기준에 의하여 인간의 몸을 획일화시키는 잘못된 사고가 우리를 지배했기 때문이다. 즉 인간의 삶의 에너지를 칼로리로 계산하고 그 칼로리를 생산하는 음식은 무엇이든지 좋다는 사고가 생겨난 것이다. 이렇게 되면 당연히 고지방, 고단백의 물질이 우위를 차지하고, 그렇게 되면 낙농음식·육식 같은 것이 선호의 대상이 된다.

✽ 몸이 갈구하는 음식은 하루에도 분위기에 따라 변하게 되어 있다. 짜장면을 낮에 맛있게 먹었다고 저녁에 또 짜장면을 먹고 싶어하는 사람은 별로 없을 것이다. 마찬가지로 평생을 아침에 우유 먹고 저녁에 우유 먹고 다음날 아침 또 우유 먹고 … 이런 것이 다 미친 짓에 속하는 것이다. 음식은 적절하게 몸 컨디션에 따라 선택하는 것이다. 옷을 갈아입는 것과 똑같다. 그 선택은 편식이다. 편식을 잘하는 사람, 그러니까 음식을 거부하는 것이 아니라, 건강하게 편식을 즐길 줄 아는 사람이야말로 지혜로

운 사람이다. 내가 고등학교 졸업할 때 58㎏였는데 환갑이 넘도록 나는 58㎏을 한결같이 유지하고 있다. 45년 동안 일체 몸무게의 변화가 없었다. 변화가 없는 것이 아니라, 그 눈금을 유지하기 위해서 처절한 변화를 해왔다는 것이다. 그 변화의 양식이 편식이다. 편식은 아름다운 것이다. 또 채식주의자라 해서 채식에만 매달리는 것도 어리석고, 고기를 좋아한다고 채소 안 먹고 고기만 먹는 것도 어리석다. 그것은 편식이 아니라 집착이다. 모든 것이든 때에 따라 구미에 맞게 소량으로 편식을 해야 한다. 그래서 자기 삶의 리듬과 편식이 맞아떨어지는 생활이 건강한 삶인 것이다.

* 체질에 따른 음식의 분류도 미신화 되어서는 아니 된다. 인생에 절대는 없다. 이 모든 것을 봉혜에게 배운다.

* 설사를 부정적으로 보아서는 아니 된다. 설사는 아름다운 것이다. 설사는 몸이 유해한 것을 갑작스럽게 배출하는 특수한 매카니즘이며 그것은 지사(止瀉)의 대상만은 아니다. 설사가 끊이지 않는 병적인 현상은 나쁜 것이지만, 건강한 대변을 보는 사람이라도 때때로 설사를 하는 것은 매우 좋은 것이다. 대장을 씻어내고 몸의 노폐물질을 제거해주며 정신을 맑게 해준다.

* 나는 음식을 먹을 때 이미 그 음식이 나의 몸에 어떤 변화

를 줄 것인가를 예측하는 예지가 있다. 먹는 순간 이 음식을 먹고 나는 내일이면 설사를 하게 되리라는 것도 직감적으로 안다.

* 봉혜의 꽁지에서 새까만 깃털이 솟아나고 있다. 황룡사 치미와도 같은 꽁지 깃털을 휘날리면서, 빠알간 벼슬의 광채를 발하면서, 과연 저 측백나무 위로 다시 날아갈 것인가?

* 공자님께서도 이렇게 말씀하시었다: "고기가 아무리 많아도 곡기를 승하면 해롭다. 肉雖多, 不使勝食氣。"

* 그리고 또 이렇게 말씀하시었다: "평소 많이 먹지말라. 不多食。"

* 바로는 평소 매우 순둥이 같이 굴지만, 의협심이 강하다. 내가 봉혜 먹이를 주다가 봉혜의 건강상태를 체크하기 위해 몸을 갑자기 꽉 붙잡았는데 봉혜가 꼬꼬댁 소리를 지르자 뒤에 있던 바로가 나를 공격하였다.

* 닭들은 교미방식이 화간和姦이라기보다는 강간强姦이라고 말할 수 있을 것 같다. 암놈을 숫놈이 강압적으로 찍어누르는데 암놈은 그 순간을 즐기지 않는다. 교미시간이 1·2초에 불과하므로 그 순간에서 쾌락을 느낀다는 것은 무의미하다. 사람처럼 교미시간이 긴 동물이 교미의 쾌락을 즐길 줄 안다. 메시(♂)가

오시(우)를 찍어누를 때 바로가 메시가 그런 행동을 못하도록 방해를 한다. 오시의 고통을 덜어주려는 것일까? 그렇다고 자기가 오시를 덮치지는 않는다. 하여튼 바로는 의협심이 강하다. 동물의 세계에도 개성이라는 것이 분명히 있다.

＊ 봉혜는 유월이 그룹으로 편입되어 먹는 데 집중하고 있다. 그리고 구월이들 열한 마리는 대장을 가리는 싸움을 하기에 여념이 없다. 두 마리씩, 어떤 때는 세 마리가 서로 목깃털을 세우며 공중으로 치솟는 싸움을 한다. 낙엽이 쌓인 계림 숲속에서 초식을 연마하는 무사들 같다. 그 중에서 메시와 같은 새로운 치킨 킹이 탄생할 것이다.

＊ 한국의 지성이라고 한다면 어느 전공을 하는 사람이고를 막론하고 주희와 여조겸呂祖謙이 함께 편찬한 『근사록近思錄』과 양명의 『전습록傳習錄』이 두 권은 읽어봐야 하지 않을까? 『근사록』은 이광호 역주로 아카넷에서, 『전습록』은 정인재·한정길 역주로 청계에서 출판되었다. 둘 다 공들인 번역이다. 읽을 만하다.

＊ 오늘 또 놀라운 사건이 벌어졌다. 그토록 많이 하루종일 울던 메시가 묵언(默言)을 수행하고 있는 것이다. 메시는 평소 리즈를 아주 강하게 의식했던 것 같다. 그런데 리즈가 사라졌다.

그러한 변화에 놀랍게 적응하는 것이다. 이 변화에 대하여 세 가지 설이 생겨났다. 첫째 설은 사라진 친구를 애도하는 묵언이라는 것이다. 즉 풀이 죽은 것이다. 두 번째 설은 백아절현伯牙絶絃의 사례라는 것이다. 다시 말해서 항상 화답을 해주던 친구가 사라지는 바람에 노래를 부를 신명이 나질 않는 것이다. 자기의 음악을 누구보다 사랑해주던 종자기鍾子期가 죽자 거문고의 명장 백아가 현줄을 끊었다고 한다. 종자기 리즈가 사라진 것이다. 세 번째 설은 더 이상 자신의 카리스마를 과시할 군계群鷄가 사라진 것이다. 견제와 관리의 대상이 사라졌다. 리즈는 그의 라이벌이었다. 메시는 치킨 킹 노릇을 할 상황을 잃고 말았다. 하여튼 애처로운 일이다.

치킨 킹 메시

＊ 봉혜는 유월이 그룹 속에서 신나게 놀고 있다. 어제까지만 해도 새끼를 보호하기 위해 유월이들을 쪼았었는데 이제 유월이편이 되어 같이 놀고 있는 것이다. 놀라운 변화다.

＊ 새끼 11마리는 자기들끼리 똘똘 뭉쳐 계림의 한 구석에서 놀고있다. 엄마가 사라지니깐 동료들끼리의 유대는 더 강해진다.

＊ 그런데 더욱 재미있는 것은 오늘밤 봉혜가 새끼들을 데리고 둥지에서 잘지 안 잘지, 그것이 궁금하다는 것이다.

＊ 산삼(山蔘)이라는 게 있다. 과연 산삼이 그토록 대단한 식물(食物)일까? 과연 그렇게 비싸게 주고 사먹을 가치가 있을까? 나는 모든 미신을 배격하는 사람이다. 산삼에 대한 효과도 아무리 그것이 산에서 홀로 크면서 산의 정기를 빨아들였다 한들 그것이 내 몸에 들어가면 풀 한 포기와 뭔 다를 게 있겠는가! 나는 산삼에 대한 이야기를 신뢰하지 않았다.

＊ 그런데 올 봄에 미국에서 오신 분이 나에게 선물을 하나 놓고 갔다. 맨해튼에서 세계인의 사랑을 받는, 매우 성공적인 베지테리안 레스토랑인 한가위, 프랜치아 등을 운영하시는 분이다. 귀네스 펠트로우, 리차드 기어, 그리고 피터 싱어 등 다양한 연예인과 학자들이 단골손님이다. 그런데 이 분 스스로가 좀

도인 같은 사람이다. 철저한 채식주의자이며 매사에 생각이 아주 바르다. 그 선물은 술 한 병이었는데 그 속에 자그마치 100년 묵은 거대 산삼 세 뿌리가 들어 있었다. 그런데 이 세 뿌리가 모두 록키산맥에서 채취한 것인데 안동소주에 담근 지가 한 3개월 되었다고 했다. 사실 록키산맥 산삼이라고 해서 한국 산삼과 그 공효功效가 크게 다르다고 생각되지는 않는다. 외형은 물론 다르다. 한국 산삼은 가늘고 실뿌리가 뻗쳐 있고 실뿌리에 영험스런 구슬이 맺혀 있다. 그런데 록키산맥 산삼은 굵은 도라지 모습을 하고 있으며 매우 건장하고 노두가 우람차다. 그러나 록키산맥 산삼이 사실 보다 영험스러울 수도 있다. 인간의 때를 덜 탄 산이기 때문이다.

* 내가 예로부터 아끼던 후학이 텔레비전 프로덕션을 운영하는데 새로운 보금자리를 만들었다. 그 개소식開所式에 제자들이 많이 모인다고 해서 이왕이면 크게 축하해주고 싶은 마음이 있어 그 록키산맥 300년 무게의 술을 가지고 갔다. 그 술로 소량 고시레를 하였고 이니시에이션 세리모니를 하였다.

* 모인 사람이 20명 가량 되었는데 한 잔씩 다 마셨다. 그리고 나만 석 잔 가량 마셨다. 그리고 세 개의 뿌리는 남김없이 짤라 공평하게 나누어 먹었다. 그런데 놀라운 사건이 벌어졌다. 그 다음날부터 한 사흘간 상상도 하기 어려운 많은 양의 대변이

쏟아졌다. 그리고 몸이 더워 옷을 입기가 어려웠다. 그리고 내가 무릎 관절염으로 좀 고생하는 사람인데 무릎의 아픔이 느껴지지 않았으며 몸이 날아갈 듯 가벼워졌다. 이런 현상이 한 열흘 계속 되었다. 확실히 내가 경험한 최초의 "명현瞑眩"이었다 ("명현瞑眩"이라는 말은 『맹자』에 인용된 『상서』의 말에서 왔다: "약이 독하여 어지러운 증세가 없으면 그 병이 낫지 않는다. 若藥不瞑眩, 厥疾不瘳"). 딴 사람에게 물어보니 나와 같은 강렬한 반응은 없었던 모양이다. 허긴 나는 세 잔을 마셨으니까! 한 친구는 그날 밤 하초를 주체하지 못해 새악씨와 질펀하게 잤다고 했다. 그렇다고 그 후로 내 몸이 크게 달라진 것은 없으나 하여튼 산삼이 뭔가 대단한 효능이 있다는 것만은 느껴보았다. 북한에서 온 산삼 한 뿌리를 통째로 먹어본 적도 있는데 그때는 아무것도 느끼질 못했다. 록키산맥 산삼이 나에게는 더 잘 맞는 것 같다. 그럴 줄 알았다면 술 한 병을 놓아두고 조금씩 먹었으면 좋았을 것이라는 생각도 몰래 해봤지만 역시 먹는 것은 "나눔"의 즐거움, 이상이 없다. 지금도 무릎이 시큰거릴 때면 록키산맥 산삼이 생각이 난다.

＊ 날이 어두워지자 닭들이 모두 닭장으로 들어갔다. 그런데 봉혜는 둥우리로 들어가질 않는다. 그러니까 새끼들이 둥우리로 먼저 들어가 삐약삐약거리며 엄마가 들어오기를 기다렸다. 봉혜는 그 앞을 서성거리다가 결국 들어갔다. 귀여운 새끼들의 따스한 체온이 아직은 그리운 모양이다. 아름다운 정경이었다.

오늘 밤, 봉혜와 11마리의 새끼들이 평화롭게 같이 잘 생각을 하니 너무도 포근한 느낌이 든다.

엄마품이 좋았다

10月 28日(水)

　＊ 장진은 한국 영화감독 중에서 각본구성능력이 가장 뛰어난 인물이라고 말할 수 있다. 문제의식이 뚜렷하고 여태까지의 모든 작품이 실수가 없었다. 박찬욱도 작품의 일정한 심도를 잃지 않는 훌륭한 감독이지만 너무 자기 칼라에만 충실하려고 한다. 봉준호 감독도 괴력을 과시할 수 있는 치열한 감성의 소유자라고 믿었는데 요번 『마더』라는 영화는 너무도 우리를 실망시켰다. 그

영화는 내면의 흐름이 전혀 없고 모든 이야기가 외면화되어 있다. 흥행을 의식하면서 의미없는 긴장을 조성키 위하여 화면을 장난질 친 대목이 너무 많이 눈에 띈다. 흥행감독으로서 대가 대접을 받는다고 그런 유희를 해서는 안된다. 영화는 어디까지나 엔터테인먼트이다. 내면의 고뇌가 결여된 아이디어의 실험적 설사가 되어서는 아니 된다. 봉준호는 정말 위대한 작가라고 생각했었는데 『마더』를 보고 실망한 사람이 내 주변에 너무 많다. 그렇지만 봉준호는 저력이 있는 감독이므로 새로운 진지함을 보여줄 것이라고 확신한다. 『마더』의 실패를 깊게 반성해야 한다. 영화가 한 여배우를 위한 헌사일 수는 없다. 그리고 작품의 평가를 조작하려고 노력하지 말라. 아무리 기획사가 언론플레이를 잘한다 해도 결국 실패는 실패일 뿐이다. 실패를 자인할 때 더 위대한 비약을 할 수 있지 않을까? 그대는 청춘의 힘을 소유한 자가 아닌가? 그대는 위대한 가학家學을 전승한 자가 아닌가?

＊『굿모닝 프레지던트』는 매우 천박할 수 있는 주제를 품격 있게, 그리고 코믹하게 다루었다. 그리고 매우 강렬하게 진보적인 주제의식을 가지고 있으면서도 어느 누구도 거슬리지 않게 승화된 장면으로 이어갔다. 그는 이 땅의 대통령의 이데아를 그려내는 데 성공했다. 그리고 그 모든 구성이 관객을 위한 엔터테인먼트라는 프로정신을 잃지 않았다. 나도 영화각본을 많이 써본 사람이다. 그런데 영화관을 나오면서 이렇게 말했다: "장진

은 확실히 나보다 낫다."

* 어제 밤 자정경, 닭장을 가보고 놀랐다. 봉혜의 결단은 칼날 같다는 것을 재삼 확인했다. 그는 둥지를 나와 닭장 안에 있는 횃대 위에 올라와 있었다. 새끼들을 이미 떠난 것이다. 새끼들과 초저녁에 둥지에 들었다가 다시 나온 것이다. 나는 새끼들이 슬플까봐 봉혜를 잡아서 둥지 안에 다시 넣어주었다. 그랬더니 잠시 후에 다시 나와 횃대로 올라가고 말았다. 구월이들과 봉혜의 가정생활(family life)은 이미 종료된 것이다.

* 가축은 인간의 토템, 신화, 종교, 문화와 밀접한 관계가 있다. 동물의 가축화(domestication)는 생리적 조건의 변화가 수반되는데 한 1000년의 시간이 소요된다고 한다. 동물의 가축화 과정은 인간문명의 발전사와 밀접하게 결부되어 있다. 가축의 행동패턴에는 인간의 그 가축에 대한 관리체계가 반영되어 있다는 것이 문화인류학의 관점이다.

* 닭처럼 문명의 타부에 저촉이 되지 않는 동물도 드물다. 힌두인이든, 이슬람이든, 유대인이든 닭고기는 다 먹는다.

* 봉황鳳凰은 닭의 다른 이름이다. 그것은 한자문명권의 신화의 정점이다.

＊ 정치란 깨져도 깨져도 손해볼 일이 없는 사람들만의 게임인 것 같다. 진정한 예술인, 진실한 학자, 순결한 영혼을 가진 자들의 정치입문은 자살이다.

＊ 인간은 후회스러운 짓을 가끔 저지르는 동물이다. 그러나 후회스럽다고 개탄만을 해서는 아니 된다. 반드시 궁리격물하여 그러한 후회스러운 행동패턴의 본질을 개선할 수 있는 몸의 디시플린을 새롭게 창조해야 한다. 바울은 이것을 예수와 함께 십자가에 못박혀 죽었다 다시 살아난다고 표현했는데 "죽음"이라고 표현할 만큼 처절한 반성反省이 필요한 것이다. 양명은 이를 "발본색원拔本塞源"이라고 불렀다. 사도 바울은 절규한다: "오호라! 나는 곤고한 사람이로다. 이 사망의 몸에서 누가 나를 건져내랴!"(롬 7:24).

＊ "장기기증"이 우리사회의 일반적 규범이 되어서는 아니 된다. 그것은 결국 생명경시사상으로 귀결될 뿐 아니라 의료산업주의를 조장한다. 다 죽어가는 사람이 장기를 기증받아 기적적으로 소생한다 할지라도 그 회복된 삶의 가치가 온전한 사람의 장기를 도려낼 만큼 가치있는 것인지 도무지 알 수가 없다. 그리고 사람은 항시 교통사고로도 허무하게 죽을 수도 있고, 걷다가 심장마비로 갑자기 죽을 수도 있는 존재存在이다. 우리는 삶과 죽음에 대하여 처절한 인식을 해야한다. 우리 몸은 그 나름대로

하나의 소우주이며, 그 모습대로 하느님이다. 그 몸을 훼손한다는 것은 하느님을 훼손하는 것이다. 『효경孝經』의 「개종명의장開宗明義章」에 "신체발부身體髮膚, 수지부모受之父母, 불감훼상不敢毀傷"이라고 했는데, 이것은 결코 몸을 도사리라는 이야기가 아니다. 우리의 몸은 온전한 그대로 지켜지는 것이 인권의 기본이다. 머리카락 하나도, 편도선이나 맹장도 다 이유가 있어서 존재存在하는 것이다. 콩팥도 "콩"과 "팥"으로 이름을 달리한 것은 제각기 다른 기능이 있기 때문이다. 신장의 기능뿐만 아니라, 모든 인간의 장기는 "허虛"를 요구하고 있는 것이다. 내가 타인의 장기를 기증받아서 기적적으로 소생할 수 있다 할지라도, 타인에게 그것을 요구해서는 아니된다. 내가 죽을 병에 이르렀다는 것 자체가 나의 실존의 업業이다. 정당하게 그 업業을 청산하는 것이 옳다. 죽음은 삶보다도 더 아름다울 수 있는 것이다. 멀쩡한 사람의 신체를 훼손하여 나의 신체를 회복한다는 것은 너무도 이기적일 뿐 아니라 악惡의 연쇄를 유도할 수 있다. 장기기증을 거부하는 사람들을 우리는 인도주의(humanism)라는 허황된 잣대로 비판해서는 아니 된다. 인도人道를 훼손하는 행위를 어찌 인도주의人道主義라 부른단 말인가?

* 의료는 산업화되면 안된다. 의료기관은 영리법인이 되어서는 안된다. 의사가 평균 지식인보다 돈을 더 벌어야 한다는 사회적 통념은 사라져야 마땅하다.

＊ 한국영화사에 길이 남을 수작으로서 『봄, 여름, 가을, 겨울, 그리고 봄』이라는 작품이 있다. 김기덕이라는 젊은 작가의 작품이다. 아니, 지금은 중견 감독이다.

그 장면의 끝부분에 김영임의 "정선아리랑"이 나온다. 나의 EBS 불교강의 피날레였던 "재즈 부디즘" 시간에 김영임을 초청한 적이 있는데 거기서 김영임의 노래를 듣고 아이디어를 얻었다 했다. 그런데 그 작품의 "겨울" 대목에 스님이 나오는데 김기덕은 나를 출연시키고 싶어했다는 것이다. 그런데 내가 연락이 잘 안되고 또 거절당할 것 같아 그냥 감독 자신이 그 역할을 해버렸다고 한다. 참으로 안타깝다. 그 역할은 정말 내가 평생 한번 영화에 출연한다면 꼭 출연해보고 싶은 역할이었다. 그리고 그만큼 위대한 작품이다. 그 영화를 아직 안 본 사람은 DVD를 구입해서 꼭 한번 보라! 심오한 철학과 아름다운 영상과 영화적 재미가 혼융된 위대한 작품이다.

＊ 김기덕은 매우 독창적인 영상예술인이다. 그런데 그의 작품세계는 흥행적 요소와 좀 거리가 멀다. 그러나 영화는 작품성과 흥행성이 따로 놀면 안된다. 그 가장 큰 이유는 김기덕의 작품제작과정이 철저하게 상업성을 거부하고 자신의 순결한 독자성을 견지하기 때문이다. 그래서 그를 우리나라 충무로가 포용하지 못하는 것이다. 그래서 그의 작품세계는 국내에서보다 국외에 널리 알려져 있다. 국외에 광열적인 그의 팬그룹이 형성되

어 있다. 김기덕은 자랑스러운 한국인이다.

❋ 김영임의 "정선아리랑"의 창법은 마리아 칼라스의 오페라 창법에 비해 조금도 손색이 없다. 이런 비교 자체가 어불성설이지만 어떤 측면에서는 칼라스를 뛰어넘는다. 단지 김영임의 불행은 "정선아리랑"을 뛰어넘는 위대한 곡들이 없는데 반해, 칼라스의 경우는 위대한 곡들이 수없이 그녀를 기다리고 있었다는 것이다.

❋ 김영임의 "정선아리랑"과 마리아 칼라스의 "카스타 디바" 이 두 노래를 잘 비교해서 들어보라! 인류의 음악의 본질에 관한 많은 통찰을 얻게 될 것이다.

❋ 봉혜는 유월이들과 활달하게 뛰놀고 있다. 새끼들을 나몰라라 하고. 그런데 유월이들과 달리 구월이들은 엄마에 대한 강한 집착이 없다.

❋ 누구를 "선배"라 호칭하는 것은 예의에 어긋난다. 그것이 사적으로 약속이 되어있는 것이라면 몰라도, 처음 만나는 사람들이 누구를 선배니 후배니 하는 것은 매우 졸렬하고 치졸하고 자기과시적인 불순감이 배어있는 행동이다. "선배"는 근본적으로 호칭이 될 수 없다.

* 누구를 "선배"라고 부르는 것은 자기와 상대방이, 학교나 고향의 선후배의 관계에 있다는 것을 과시하는 행동이다. 그것은 그러한 사적 관계를 선포하는 말이며 호칭이 될 수는 없다. 어느 회사의 회장을 처음 만나는데 사원들이 잔뜩 있는 곳에서 아무리 친근한 과거경력이 있다 할지라도 다짜고짜 "아무개 선배"라고 부르는 것은 정당한 호칭이 아니라 자기가 그 회장과 선후배관계에 있다는 것을 과시하는 행동일 뿐이다. 호칭은 한 사람의 주변으로 형성되어 있는 사회(society)에서 보편적으로 통용되는 말 중 가장 정중한 표현을 선택하는 것이 호자呼者의 인품을 나타낸다. 아무개 회장님이 되어야지 아무개 선배님이 될 수는 없는 것이다. 아무리 고향이나 학교의 선후배라 한들, 다짜고짜 나에게 나타나서 "선배님"하고 부르는 것은 그 호자의 인품의 비속함을 나타내는 것밖에는 되지 않는다. "아무개 교수님"이나 제일 좋은 말은 "아무개 선생님"이라 해야 할 것이다.

* 내가 이런 것을 강조하는 뜻은 민주의 가장 큰 장애요소가 우리사회에 뿌리깊게 내려있는 파벌, 문벌, 학벌, 족벌, 지연 등의 온갖 당파주의(factionalism)에 있다는 것을 상기시키기 위함이다.

* 나는 누가 선배라고 부르면 나는 그를 평생 다시 상대하지 않는다.

* 선후배 운운하는 모임에 끼어봤자 결국 나오는 것은 "사람 욕"밖에 없다. 한국사람들은 추상적 주제를 가지고 담론을 즐기지 않는다. 참으로 애석한 일이다.

 * 오늘 고향 사람이 전화를 걸어 먼 과거 속으로 사라진 이름을 하나 상기시켰다: "댄 댄너스틴 Dan Denerstein." 나의 어린 시절의 모습을 기억하는 사람의 이름이었다.

 * 1961년 존 에프 케네디 대통령은 전 세계의 후진국에 미국의 유능한 젊은이들을 교육자로서 파견하는 프로그램을 만들어 실행에 옮겼다. 그것이 평화봉사단(Peace Corps)이라는 것이었다. 한국에는 1965년에 처음, 발룬티어들(volunteers)이 할당되었는데 그 처음 온 그룹을 케이완(K1)이라고 불렀다. 그런데 천안 농업고등학교로 한 명이 배정되었다. 그의 이름은 프레드 블레어(Fred Blair). 미네소타대학 역사학과 대학원까지 졸업한 인텔리였다. 그런데 당시 천안은 매우 작은 시골동네였다. 블레어는 하숙집을 구했으나, 그를 수용할 수 있는 집이 없었다. 당시 천안에서 영어에 능통한 분이 천안성당 백 신부님 한 분뿐이었는데, 그 분이 블레어에게 "네가 갈 수 있는 곳은 아마도 광제병원밖에는 없을 것이다"라고 일러주었다. 그때 공교롭게도 나는 관절염을 심하게 앓았기 때문에 고려대학교 생물과生物科 다니던 것을 포기하고 천안으로 낙향하여 집에서 요양중이었다.

나의 어머니는 나의 관절염 때문에 노심초사 하셨고, 좋다는 약이라는 약은 다 구해다가 나를 간호해주셨다. 나는 잘 걷지도 못했다. 그런데 블레어도 고등학교 시절에 스키점프를 했다가 허리를 다쳐 하체에 이상이 있는 불구자였다. 소변을 콘트롤하지 못해 고무주머니를 차고 다녔다. 그래서 더욱 우리집에 머물기를 원했던 것이다. 병원인데다가 집안이 다 유학 다녀온 "5박사 집"이라고 소문이 나 있었기 때문이었다. 나의 어머니는 어린 자식이 어렵게 들어간 고려대학교도 못다니고 병고로 낙향하여 쉬고 있는 것이 너무도 안타까웠다. 그런데 미국지식인이 천안天安에 왔다니, 자식의 친구를 만들어주면 좋은 인연이려니 생각하고, 블레어를 맞아들여 나와 같이 지내게 해주었다.

＊ 당시 길거리 지나가는 지아이들을 따라가며 쵸코렛이나 받아먹을까 하고 "헬로우, 헬로우"했던 시절, 제대로 교육받은 미국인과 단 둘이서 같이 방을 쓴다, 이것은 너무도 큰 행운이었고 너무도 위대한 교육의 기회였다. 그때 나는 불과 열일곱 살이었다.

＊ 어릴적 신체적 고통으로 낙향, 좌절된 청춘의 꿈이 블레어와 더불어 되살아났다. 나는 블레어와 살면서 일거수 일투족 모든 삶의 이벤트를 영작문화하기 시작했다. 내 인생에서 가장 창조적인 필로로지(philology)시대였다.

* 나는 2년만에 영어를 거의 마스터했다. 블레어가 떠나고 그 뒤를 이어 천안에 온 교사가 케이파이브(K5) 댄 댄너스틴이다. 그는 피아노를 잘 쳤던 것으로 나는 기억하고 있다.

* 오늘 댄너스틴을 만났다. 꼭 40년만에 만나는 것이다. 그동안 재즈 피아니스트로 살았다 했다. 맨해튼 유엔본부 앞에 전속 바가 있었는데 요즈음은 젊은애들에게 밀려나서 피아노 칠 기회도 별로 없단다. 그는 내 연구실에서 피아노를 쳤다. 그리고 나는 노래를 불렀다. 그가 "노란 샤쓰 입은 사나이"를 편곡한 것을 피아노 치면서 노래불렀는데 너무 감미로웠다.

* 댄너스틴과 더불어 정원에 앉아 봉혜를 바라보았다. 그리고 프레드 블레어의 죽음을 이야기했다.

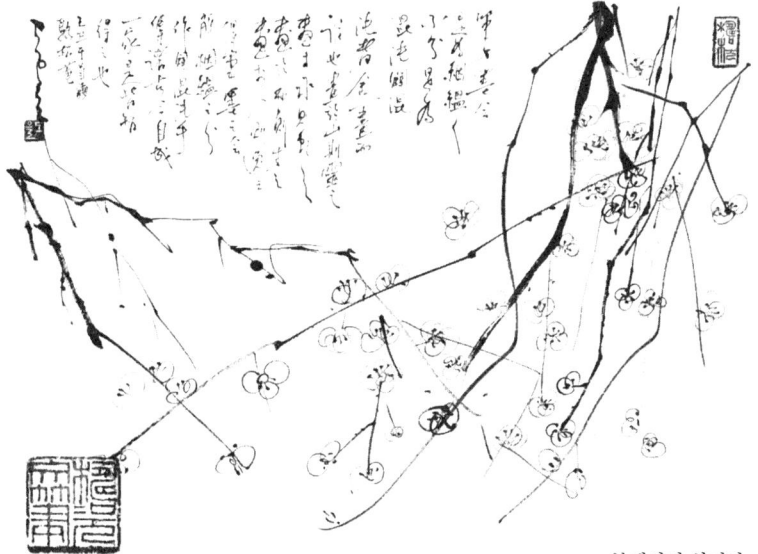

10月 29日(木)

  * 『대학』은 순자계열의 사상가에 의하여 저술된 것이 분명하다. 그 외로도 맹자, 묵자, 도가, 법가 계열의 사상의 영향도 없는 것은 아니지만 순자의 영향이 두드러지는 것은 말할 나위도 없다. 공자는 호학好學의 열망은 있었으나 지知에 대한 인식론적 반성은 없었다. 순자에게는 지知에 대한 치열한 인식론적 반성이 있다. 「해폐解蔽」(인간의 그릇된 인식의 폐해를 풀어버린다)편은 이미 후대에 중국에 들어온 불교인식론의 원론적 문제를 다 포함하고 있다. 순자의 이러한 치열한 인식론적 반성을 거쳐 격물치지格物致知, 정심성의正心誠意를 논하는 『대학』이 탄생된 것이다.

  * 『대학』의 탄생시기는 『여씨춘추』의 성립시기와 일치한다. 양자는 같은 시대정신(Zeitgeist)의 소산이 분명하다. 사상적 축을 공유하고 있다.

  * 『순자』의 「대략大略」편에 보면 혼인을 하는 시기가 결정되어 있다. 서리가 내리기 시작해서 얼음이 풀릴 때까지이다(霜降逆女, 氷泮殺). 그러니까 결혼식은 대강 늦가을에서 초봄까지

하는 것이다. 농경사회에서 농번기를 피하기 위한 지혜였을 것이다. 그리고 합방은 열흘에 한 번으로 규정되어 있다(內十日一御). 합리적인 제도이다.

* 오늘 이찬열-손학규의 승리는 민심의 향배를 극명하게 보여주었다. 역시 한국의 민중은 시비를 가릴 줄 알고, 정도를 걷는 자들을 도와주는 슬기가 있다. 현 정권은 크게 반성해야 한다. 이러한 사태에 대하여 반동으로 대처하면 안된다. 사적인 판단을 보류하고 위대한 민중의 소리를 포섭하며, 4대강정비사업을 포기하고 더 적극적인 남북화해정책을 펴서 바람직한 치세의 모범을 수립할 생각을 해야한다.『굿모닝 프레지던트』속의 장동건을 한번 상기시켜 보시기를! 국민에게 무엇을 과시할 생각을 하지말고 국민으로부터 스스로 우러나오는 사랑을 얻으시기를!

* 봉혜가 새끼들을 심하게 쫀다. 새벽에 나가보니 새끼들은 공포에 떨면서 닭장 한구석에 쪼그리고 숨어있었다. 이러한 과정을 통해 새끼들의 독립심이 강화되는 것이다.

* 바로가 메시에게 도전하고 있다. 바로의 진짜 상대는 리즈였던 것 같은데 리즈가 사라지니깐 기를 펴기 시작하는 것이다. 예전에는 메시가 먹이통에 나타나면 바로는 근처에도 끼웃거리

지 못했다. 그런데 지금은 메시를 제압할 듯이 당당하게 모이를 먹는다. 메시라는 이름은 수메르문명에서 따왔고 바로는 이집트문명에서 따왔다. 수메르에 대한 이집트의 흥기를 상징하는 것일까?

메시에게 도전하는 바로.
9페이지에 있는 갓난이 바로의 모습과 비교해 보라

＊ 제발 이 땅에도 새로운 문명이 흥기하기를 빌고 또 빈다.

＊ 정치에 있어서 생산적인 "양보"의 미덕이란 소중한 가치이다. 우리는 맹자孟子가 왜 인·의·예·지의 사단四端을 말하면서 사양지심辭讓之心을 예의 단端으로 귀속시켰는지를 잘 생각해야 한다. 맹자는 말한다: "사양지심이 없으면 그 놈은 인간이 아니다. 無辭讓之心, 非人也." 그리고 순자는 다음과 같이 말한다: "예禮라는 것은 정치를 싣고 가는 수레와도 같은 것이다. 정치를 한다 하면서 예로써 하지 아니 하면 정치는 행(行: 가다)하여 질 도리가 없는 것이다. 禮者, 政之輓也。爲政不以禮, 政不行矣。" 다시 말해서 사양지심이 없을 때 정치라는 수레는 굴러갈 길이 없는 것이다. 손학규와 이찬열은 훌륭한 양보의 미덕을 보여주었다.

＊ 한국정치사에 있어서 전라도라는 에너지는 소중한 가치를 지니고 있다. 임진왜란 때도 전라도가 없었더라면 조선왕조는 멸망했다. "약무호남若無湖南, 시무국가是無國家"란 말이 허언이 아니다. 전쟁물자를 모두 호남이 댔으며, 전라도의 건재 때문에 해로가 차단되어 북상한 왜병이 힘을 못썼으며, 역사적인 권율장군의 행주산성 전투까지도 호남의병이 승리로 이끌었다. 전라도를 사랑하는 사람들은 사랑하는 만큼 비판의식도 강력하다. 가장 예의바르기로 유명한 전라도사람들이 요즈음 들어 너무

양보의 미덕이 없는 것 같다. 소리小利에 집착하고 대의大義를 보지 못하는 것이다. 대의大義야말로 대리大利라는 것을 모르는 것이다. 그래서 새만금도 저 꼴로 만들어 놓았고, 영산강도 더욱 악화될 짓만 획책하고 있다. 그리고 대통령후보를 내었지만 자기부정의 미덕을 발휘하여 보다 거대한 스케일의 정책을 내걸거나 포용력있는 행동을 하지못해 결국 진보정권을 허무하게 패망시키고 말았다. 김대중 대통령도 양보의 미덕이라는 측면에서는 판단력이 부족한 분이다. 그러나 그 분이 산 시대, 그 절박한 항거의 상황에서 그의 선택은 일정한 역사적 역할을 담당하였다. 그러나 그 뒤를 잇는 사람들이 모두 그를 뛰어넘는 새 시대의 가치를 구현하지 못하고 있는 것이다.

* 오늘(28일) 용산참사 농성자에게 전원 유죄판결을 내린 1심 판결은 우리나라 사법부의 타락상을 극심하게 예시하고 있다. 아무리 그것이 정당한 법해석의 결과라 할지라도 왜 그러한 로 앤 오더(Law and Order)의 엄형주의를 집권세력에게는 적용하지 않는가? 법해석이란 영원한 이현령, 비현령! 바보들이 지껄이는 이야기, 시끄러운 소리와 광포로 가득하지만 아무 것도 의미하지 않는 이야기! 맥베스의 독백!

* 오늘 판결과정에서 재판관에게 항의하는 방청객 한 명을 재판장 명령으로 구속했다고 하는데, 판관들은 어떠한 상황에

도 감정적 표출을 해서는 아니 된다. 노자老子도 전쟁에서 승리의 예식은 장송의 예식으로 치르라고 했다. 법관들이여! 그대들이 존경하는 대륙법계열의 재판정엘 한번 가보라! 독일 적군파인 바더·마인호프를 재판하는 재판정에서 그토록 극렬하게 저항하는 방청객들 앞에서 침착하게 이성을 잃지 않는 법관들의 쿨한 태도를 보면, 한국의 법관들이 얼마나 부지불식간에 법을 "권력의 휘두름"으로 생각하고 있는지를 반성케 한다.

  ∗ 봉혜는 메시와 새로운 밀월관계를 즐기고 있다. 동물의 세계에 있어서도 애정의 표시는 매우 확연하다.

  ∗ 나는 모든 글을 만년필로 쓴다. 아직도 파커 잉크를 튜브에 담아 쓴다. 나는 아직까지 컴퓨터 자판에 손가락을 한번 대어보질 못했다. 평생을 파커21로 살았는데, 파커21이 더 공급이 되질 않는다. 펜촉이 다 닳아 없어진 파커21만 한 열 개는 된다. 그런데 요즈음은 파커만년필도 화려하게만 만들고 실용적인 것이 없다. 펜을 플라스틱이 감싸서 수분이 증발이 안 되야만 편하게 쓸 수 있는데 요즈음 만년필은 모두 펜촉이 화려하게 드러나있다. 그래서 마음에 맞는 만년필을 구하려고 애를 쓰다가 역삼동 논현로에 베센(BESEN)이라는 매우 훌륭한 만년필 가게가 있다는 것을 알게 되었다. 그곳에서 파커 신형인데 옛날 21처럼 생긴 녀석을 한 종 발견한 것이다. 나는 이 새 파커로 『논어』

1만 매를 집필하였다. 그런데 새 파커는 너무 육중하다. 그래서 가운데 손가락 첫 관절이 짓눌려 관절염이 생겼다. 나는 만년필의 무게에 민감하기 때문에 뚜껑도 꼭 내려놓고 쓴다. 그런데 베센 주인 이양희라는 분이 나에게 독일제 만년필 라미(LAMY)를 선물했다. 가볍고 잉크가 많이 들어가니 한번 써보라는 것이다. 처음에는 파커의 육중한 맛이 안나 고생했는데 점점 라미의 매력에 빠져들게 되었다. 우선 가볍기 때문에 관절 치유에 크게 도움이 되었다. 그런데 라미도 하도 쓰니깐 여러 가지 병폐가 생겨났다. 오늘은 손 잡는 곳이 동그랗게 짤라진 것을 발견했다. 너무도 희한한 현상이었다. 베센 주인의 소개로 학동에 라미를 고쳐주는 곳을 알게 되었다. 화모스(FAMOS) 정학진 부장님이 원광대 85학번이라고 했다. 참 고마운 사람이다. 오늘 라미를 완벽하게 고쳐주었다. 전통적 만년필을 평생 쓰실 수 있도록 보장해드리겠다고 했다. 나 같은 만년필 애호인구도 이 지구상에서 이제 몇 명 남지 않을 것 같다. 나의 선생 벤 슈왈츠가 돌아가시기 전까지 펜으로 원고를 쓰셨는데 당신이야말로 하바드 대학 마지막 골동품이라고 이야기하시곤 했다.

＊ 예술은 역사적 사실의 개념을 전환시킬 수 있다. 예술은 역사를 리드하고 역사적 불행을 해원시킬 수 있다. 예술은 역사의 갈망을 항상 새롭게 창조해야 한다. 예술이 사실성을 재창조하는 것은 자유의 영역에 속한다. 그것이 감동과 의미와 긴장을 준다

면 퍽으나 유쾌한 일이다. 예술가는 상념을 깨는데 용감해야 한다.

※ 비극의 사실적 묘사가 때로는 무책임이나 비겁으로 끝나버릴 수도 있다.

※ 천리마는 하루에 천리를 갈 수 있다. 그러나 조랑말도 열흘이면 천리를 갈 수 있다. 문제는 어디를 향해 가느냐에 있다. 뚜렷한 목적지가 없을 때는 천리마의 날쌤도 아무런 의미가 없다. "감行"은 "그침止"에 그 소이연이 있다. 그침은 감의 완성이다. 그침은 대학의 길이며, 성인의 길이다.

10月 30日(金)

※ 일본이 독일만큼이라도 자기 제국주의 역사에 대한 반성을 표시할 줄 알았더라면 동아시아문명의 수준이 달라졌을 것이다. 일본의 세계사적 죄악은 전후에 오히려 더 확대되었다. 일본의 젊은이들에게 그 죄악에 대한 깊은 반성의식을 불어넣어 주어야 한다.

※ 누군가 일군日軍을 공포로 휘몬 백전백승의 명장 홍범도 장군의 이야기를 가지고 쿠엔틴 타란티노 감독의 『인글로리어스 바스타즈Inglorious Basterds』와 같은 영화를 만들어주었으면 좋겠다.

＊ 브래드 피트, 디 카프리오, 죠니 뎁, 러셀 크로우, 클린트 이스트우드, 안젤리나 졸리 등등 뚜렷한 개성을 유지하면서 세계인의 가슴속에 신화적인 심상을 만들어가고 있는 배우들이다. 이들을 생각하면 우선 기분이 좋다. 그리고 공통의 화제를 만든다. 이 세계의 어떠한 정치인도 이들만한 심상을 만들지 못하고 있다. 우리나라에도 안성기, 송강호, 설경구, 문소리, 김혜수 등등 이런 배우들은 철저한 자기관리를 통해 수준높은 문화를 창출해나가고 있는 정상급 스타들이다.

＊ 인간의 신체는 진화한다. 그것은 운동의 묘미이며 삶의 기쁨이다.

＊ 봉혜의 벼슬이 새빨갛게 예쁜 빛깔이 돌아오고 있다. 머지않아 또 알을 낳을 것이다.

＊ 순자의 「해폐解蔽」편을 읽지 않고 중국문명中國文明의 수준을 논할 수 없다. 선진문헌 중에서 인식론적 반성이 가장 치열하게 심화되어 있는 걸작에 속한다.

＊ 삶 속에서 정든 물건들, 특히 내 손의 때나 체취를 간직한 물건들은 소중하다. 어제 명륜동 CGV에서 영화를 봤는데, 밤 8:45분 마지막 프로였다. 보통 사람 없으면 춥기 때문에 털조끼

를 입고 갔다. 그런데 예상외로 사람이 꽉 차서 더웠다. 중간에 더워서 털조끼를 벗었다. 그것을 옆에 가방 든 친구에게 주었는데 그 친구가 그 조끼를 챙기지 않은 모양이다. 오늘 목욕탕에 가려다 조끼가 없어진 것을 발견했다. 나는 CGV영화관에 떨어뜨린 것이라고 확신했다. 오후 3시경 영화관 사무실에 가서 분실물 수습하는 곳에 물어보니, 털조끼는 없다고 했다. 그리고 도무지 직원들이 연락이 안되어 확인할 길이 없다고 했다. 문제는 많은 직원이 용역회사 소속이거나 아르바이트생이라서 유기적 연락망이 없는 것이다. 나는 주차관리하는 청년들과 친했기 때문에 그 청년들을 통해 청소반장의 핸드폰을 알아냈다. 그런데 전화연락이 잘 되지 않는다. 우선 어두운 영화관에 들어가서 내가 앉았던 곳을 플래쉬로 비춰 봤다. 바닥에는 조끼가 보이질 않았다. 영화는 한창 돌아가고 있었다.

＊ 나와서 반장에게 다시 연락했는데 드디어 접선이 되었다. 할아버지였는데 대뜸 어제 밤에 조끼를 주웠다는 것이다. 그래서 그것을 들고나와 표 받는 직원 테이블 위에 놓았다고 했다. 직원이 모두 퇴근하고 없어서 사무실에 전달할 길이 없었다고 했다. 보통 다음날 제일 먼저 출근하는 검표원이 그것을 사무실에 전달한다고 했다. 나는 오늘 아침 최초의 검표원 이름을 확인하고 그와 통화하게 해달라고 요구하였다. 내가 집요하게 요구하니까 난색을 표명한다. 그래서 점장 면회를 요구했는데 오늘 쉬는 날이

라 했다. 그리고 말쑥한 팀장이 나왔다. 팀장에게 오늘 첫 검표원과 통화를 해서 조끼를 봤는지 확인해달라고 요청했다. 사무실에 들어가 한참 있더니 나중에 나와서 검표원과 통화가 됐는데 표 받는 테이블 위에 검은 조끼 같은 것은 없었다고 말한다고 했다. 그렇다면 어제 밤 12시에서 아침 10시 사이에 극장 책임은 누가 지는가 했더니 용역회사 소속의 경비원이 있다고 했다.

＊ 나는 그 경비원을 추적했는데 연락이 되질 않았다. 오늘 밤 12시에나 나온다는 것이다. 영화관 측에서는 집에 가 계시면 다 연락해서 알아보는 대로 전화를 해드리겠다고 했다.

＊ 나는 4층에 다시 올라가 봤다. 검표대 앞에 CCTV가 있는 것을 확인했다. 그래서 팀장에게 그곳 CCTV를 어제 밤 11시경부터 오늘 아침 10시경까지 확인해 달라고 했다. CCTV 확인결과는 검표대에 아무도 조끼를 놓지를 않았다는 것이 확인되었다. 나는 청소반장 할아버지와 다시 전화를 했다. 전화상으로 차근차근 추적해보니 털조끼가 아닌 까만 가디건이었고 4층이 아닌 다른 층인 것 같다는 말을 했다. 할아버지는 매우 인정이 많으신 분으로 그런 것 하나라도 없어지면 얼마나 속상하겠냐고 나를 위로해주었다. 나는 직감적으로 아직도 내가 영화를 본 자리에 그것이 끼어있을 수 있다는 신념을 버리지 않았다. 요즈음은 영화가 끝나고 불을 밝게 켜질 않아 정확히 확인이 되질 않는

다. 나는 영화가 끝나기를 기다렸다. 그리고 내가 앉았던 H열의 자리에 가서 4번과 5번 사이에 아직도 조끼가 끼어있는 것을 발견했다. 2시간 반을 집요하게 추적한 결과로 얻은 쾌거였다.

❋ CGV 직원들이 잘 협조해 주었다. 나를 미친놈처럼 쳐다보지 않고 나의 집요한 추적에 다 응해주었다. 요즈음 젊은이들은 마음이 순수하다. 그 조끼는 어느 디자이너가 짜서 선사한 것인데 겨드랑이가 다 헐어버려 아내가 짜집기해서 수리해준 것이다. 직접 내 손으로 다시 찾지 않았더라면 너무도 하찮은 물건으로 버려졌을지도 모른다. 나는 엄마가 짜준 조끼를 한 35년 입었는데 그것이 너무 낡아 다시 장만한 것이다. 엄마가 짜준 것도 장 속에 있다. 오늘 찾은 조끼도 앞으로 최소한 십 년은 더 입을 것 같다.

10月 31日(土) 흐림

　※ 권력의 집중이 나쁜 것인 양 무조건 생각하는데 그것은 옳지 못하다. 한 국가의 안녕과 질서, 그리고 효율적 운영을 생각한다면 권력의 집중 이상 좋은 것은 없다. 권력이 집중된 사회가 엔트로피가 낮은 사회이기 때문이다. 엔트로피의 무작정 증가는 결국 모두의 패망으로 귀결된다. 그러나 권력의 집중에 가장 큰 문제는 권력집중을 관리하는 최고의 수령이 항상 비견의 사나이가 아닌 권력의 화신이며, 천리天理의 구현자가 아닌 인욕人欲의 우자愚者라는 데 있다. 그런데 중국 선진문명은 불행하게도 권력의 집중 이상의 대안을 발견하지 못했다. 그토록 찬란한 인문주의의 꽃을 피웠으면서도 집중된 권력의 담지자를 견제할 수 있는 제도적 장치를 마련하지 못했다. 그러나 전국시기의 사상가들은 통일의 기운을 감지할 때 새로 태동할 중앙집권적 권력을 어떻게 제한할 것인가를 심각하게 고민했다. 그 고민의 산물이 순자의 「해폐」편이며 『효경』이며 『대학』이며 『여씨춘추』이다. 그러나 집중된 권력을 제한하는 방법이 모두 도덕주의에 입각한 것이라는 데 그 위대성과 서글픔이 공존共存한다.

＊ 현재 우리나라는 민주제도가 가장 진척된 나라 중의 하나이다. 선거는 공평하게 치러지고 있으며, 과거에는 권력의 주체가 되리라고는 상상도 하기 힘들었던 진보세력에게 정권을 넘기기도 한다. 권력의 분산이라는 측면에서 현재 인류는 의회민주주의 이상의 모델을 만들지 못하고 있다. 그러나 이러한 민주체제에서도 최고의 권력자인 대통령을 뽑는데, 이런 훌륭한 제도 속에서 뽑힌 대통령의 품질이 대체로 저열하다는 데 큰 문제가 있다. 과거의 독재군주보다도 더 불합리한 발상을 밀어부칠 수도 있으며, 매스컴이나 행정력이나 사법부권력을 통한 조작의 수준이 전제군주보다 훨씬 더 교묘한 수준에 이르고 있다. 미국 같은, 의회민주주의의 첨단을 달리는 국가에서 부시와 같은 인물이 대통령을 8년이나 할 수 있다는 것은 상식이하의 사태이다. 민주주의의 허구성을 드러내는 사건이다.

＊ 권력의 집중과 견제, 그 어느 것도 바람직한 결과를 달성하고 있질 못하다.

＊ 대통령을 아예 없애버리면 어떨까? 대통령을 두세 명 집단합의체로 뽑으면 어떨까? 행정의 수반을 개인이 아닌 어떤 합의기구로 만들면 어떨까? 여러 가지 대안은 가능하겠지만 현재의 고착된 질서에서 벗어나는 어떤 새로운 실험을 하기는 너무도 난제가 첩첩이다.

＊ 권력은 아예 제도의 문제로 해결될 수 없다는 것이 선진사상가들의 확고한 생각이었던 것 같다. 위대한 지도자를 국민이 교육시킬 수밖에 없다는 생각이 그들에게 있었던 것 같다. 『대학』은 평천하를 꿈꾸는 최고의 통치자의 교육에 관한 이념강령이다.

＊ 민주에 대한 가장 본질적 개선이 인간의 교육에 있다는 생각은 매우 아둔한 발상인 듯이 보이지만 오늘의 민주체제에도 결국 적용될 수밖에 없는 정론正論일 수도 있다.

＊ 정치인들은 품격의 고하를 막론하고 목전의 이익부터 챙기고 보는 습성이 있다. 정도(正道)로써 대국(大局)을 기다리지 못한다.

＊ 선발대자측은지심先發大慈惻隱之心(먼저 대자대비의 측은지심을 발하노라), 서원보구함령지고誓願普救含靈之苦(영험한 생명의 담지자인 모든 존재의 고통을 널리 구할 것을 서원하노라). 당나라 의사이며 대학자였던 손사막(孫思邈, 581~682)의 명언인데 모든 의사들이 가슴에 새겨야 할 말이다. 내가 이것을 쓴 서도 글씨가 혜화동 대학로에 있는 김성조치과에 걸려있다. 내가 쓴 글씨 중에서 내가 아주 마음에 들어하는 좋은 작품이다.

큰 닭장안에 작은 닭장이 하나 더 있다. 이 글에서 둥지라 함은 그 안의 작은 닭장을 가리킨다. 봉혜는 꼭 그 둥지에서 알을 낳는데, 지금 들어가 웅크리고 있다. 초산初産 직전의 하이안 오시가 엄마 봉혜의 산란産卵을 지켜보며 학습하고 있다. 메시와 바로도 긴장하고 있다. 2009년 11월 2일.

11月 1日(日)

＊ 봉혜의 벼슬 색깔이 정말 예뻐졌다. 두 배나 생명을 잉태시키는 고통을 감내하고나서 또 다시 처녀처럼 예뻐지는 봉혜의 모습은 한국여성들에게 전하는 메시지가 있다. 여성은 아기를 최소한 둘은 낳아야 진정으로 자연의 아름다움을 획득한다.

＊ 마이클 잭슨이 마지막 공연을 하지 못하고 비명에 간 것은 참으로 애석한 일이다. 지구환경 파괴에 대한 긴박한 항의를 주제로 한 그 공연은 참으로 위대한 이벤트가 되었을 텐데.

11月 2日(月)

＊ 날씨가 제법 쌀쌀하다. 오전 11시경 봉혜가 둥지 속에 있고 그 앞에서 메시, 바로, 오시가 서성거리고 있는 모습이 무엇인가를 보호하고 있는 듯했다. 가보니 드디어 봉혜가 알을 낳았다. 구월이 알을 품은 것이 8월 18일이었다. 그리고 구월이들이 부화된 것이 9월 7~8일이었다. 10월 27일 구월이들을 쪼아 독립시켰다. 구월이들을 독립시킨지 불과 엿새만에 알을 낳은 것

이다. 알이 크고 아름답다. 색깔이 우리 살색인데 너무 곱다. 봉혜가 낳은 43번째의 알이다. 풍석(楓石) 서유구(徐有榘, 1764~1845)는 『임원경제지』에서 닭 한 마리가 100개 정도의 알을 낳는다고 쓰고 있는데, 자연 리듬을 따르는 닭들의 경우에는 과히 틀린 말 같지 않다.

* 그런데 더욱 놀라운 사건이 벌어졌다. 한 시간 후에 가보니 둥지에 알이 두 개나 있는 것이다. 그리고 유월이들과 봉혜가 서성거리고 있었다. 흰 닭 오시가 생애 최초로 알을 낳은 것이다. 이 세상에 태어난지 5개월만에 초란을 낳은 것이다. 알이 봉혜 것보다 색깔이 옅은데, 엄청 크다. 영양상태가 양호良好하다는 것을 알 수 있다. 완벽한 유정란이다.

왼쪽이 오시의 초란

※ 우리 국민은 현명하다. 현 정권의 가장 큰 실정이 미디어법 개정과 4대강정비사업에 독선적으로 올인하는 것이라고 누구든지 알고 있다. 순자의「해폐解蔽」편에 이런 말이 있다: "사람의 몸은 몽둥이로 두드리면 무릎을 꿇게도 할 수 있고 펴게도 할 수 있지만 사람의 마음은 옳다고 생각하면 받아들이고 그르다고 생각하면 거부한다. 스스로 독자적으로 판단할 뿐이며 겁을 준다고 그 뜻을 변경치는 않는다. 形可劫而使詘申, 心不可劫而使易意, 是之則受, 非之則辭." 여론조사는 의미가 없다. 여론조사에 찬성표를 던지는 자도 그 마음은 시비를 바르게 판단하고 있기 때문이다.

※ 노 대통령의 실정도 두 가지였다. 새만금 정책과 한미FTA를 자기가 나서서 서두른 것이다. 둘 다 아무런 영양가 없는 짓을 한 것이다. 그리고 자신의 이념을 배반함으로써 친구를 모조리 잃었다. 그 고립이 결국 그를 사망으로 휘몬 것이다. 그리고 애석한 사실은 새만금만 막지 않았더라도 이명박 대통령이 대운하니 강정비니 운운하지는 못했을 것이다. 국민들의 마음속에 환경에 대한 확고한 가치관이 서게 되면 그렇게 허술한 조작적인 정책은 포기할 수밖에 없다. 결국 노무현 대통령이 4대강정비사업의 기초를 깔아준 것이다.

※ 새만금과 FTA, 미디어법과 4대강정비사업, 그것이 결국 동

일한 결과를 초래하리라는 것을 삼척동자도 다 아는 일인데 어찌 본인만 모른단 말인가!

 * 오늘 밤, 감나무 가지에 걸린 달이 유난히 청명하다. 완벽한 보름달이었다. 오시의 초란은 보름날에 나온 것이다.

 * 우리나라에는 거시적 비젼을 가진 사람들이 너무 희소하다. 사회적 영향력을 가진 사람들의 합리적 의사소통의 장場이 너무도 없다.

 * 우리나라 기업들은 공적 마인드가 부족하다. 한마디로 돈을 쓸 줄을 모른다. 공익을 창출하는 효율적 방법을 합리적으로 탐구하지 않는다. 적은 돈으로도 엄청난 효율을 낼 수 있는 방법은 얼마든지 있다. 절대적인 국민의 사랑과 호응을 얻을 수 있고 결과적으로 비즈니스상으로도 더 많은 부를 창출할 수 있는 길은 얼마든지 있다. 돈쓰는 참신한 아이디어를 개발하기 위해 진지한 고민을 해야 하는데 너무도 상상력이 빈곤한 진부한 방법에만 매달리고 있다.

 * 스테레오타입의 빤한 방법에만 매달리는 이유는 아직까지도 우리나라 기업은 국가권력의 눈치를 보아야하기 때문이다. 군사정권하의 타성이 오늘날까지도 기업의 상상력을 제약하고 있다.

＊ 정치인, 기업인, 학자들, 예술인, 법조인 등등 우리나라 문명의 미래를 담당할 사람들이 순수하게 국가비젼만을 토론할 수 있는 장이 필요하다. 그러나 이러한 제안이 의미있게 성공하기 위해서는 그러한 장을 창조적으로 이끌어갈 수 있는 권위로운 히든 핸드(Hidden Hand)의 역할이 가장 중요하다.

＊ 히든 핸드의 역할이란 압도적인 학문적 실력, 개방적인 삶의 자세, 순수한 열정, 카리스마적인 지도력이다.

＊ 학부대학으로서의 서울대학교가 사라지지 않는 한 우리민족의 어떠한 교육비젼도 올바른 뿌리를 내릴 수 없다.

＊ 서울대학교를 대학원레벨의 권위있는 국가교육기관으로 발전시키는 안을 관계자들이 거부하고 학부를 고집한다면, 서울대학교는 지금까지 축적된 권위를 가지고 완벽하게 국가재정으로부터 독립되는 어떠한 새로운 체제로 변해야 한다. 국가의 혜택이 없이 모든 재정을 자체로 조달하는 시스템을 만들어야 한다.

＊ 그리하면 모든 사립대학이 공평한 경쟁을 할 수 있으며 개성있는 교육기관으로 변모할 수 있다.

＊ 서울대학교의 에너지는 창조적으로 분산되어야 한다. 국가는 서울대학교에 투입되는 재정을 여타 국립대학으로 분산시켜 균형발전을 꾀해야 한다. 서울대학교는 더이상 서울에 필요하지 않다. 지방의 대표적 국립대학들을 서울대학교로 재창출해야 한다.

＊ 서울대학교를 세종시로 옮기는 방안이 검토되고 있다고 하는데, 옮길 경우 반드시 학부 전체가 가야한다. 한국과학기술원(KAIST)이나 대덕연구단지와의 연계를 강화시켜 세계적인 과학교육의 창조적 센터를 만드는 것도 한번 생각해 볼 일이다.

＊ 사립대학은 완벽하게 사립화되어야 한다. 일체 국가권력과 재정으로부터 독립되어야 한다. 국가는 사립대학에 여하의 개입도 해서는 아니 된다. 사립대학은 완벽하게 자율적으로 학생을 뽑아야 하며, 재정운영이나 졸업에 관한 어떠한 규정도 대학 자체의 소관이 되어야 한다. 보결입학이나 졸업장 등등의 모든 학사 문제에 관하여 국가는 개입할 수 없다.

＊ 사립대학의 권위나 인지도나 합법성의 문제는 오직 교육시장의 논리에 의해서만 결정될 뿐이다. 교육부와 관계없다. 대학이나 신문사가 자주 도산되는 현상이 있어야만 정상적인 국가라 말할 수 있다. 그런데 우리나라는 당연히 도산되어야 할 신문사나 대학이 버틴다. 비합리적인 그 무엇이 개입되어 있는 것이다.

＊ 그렇다고 국가가 국민교육을 포기해서는 안된다. 교육부가 통제해야 할 교육기관은 대학이 아니라 초·중·고등학교이다.

＊ 초·중·고교 교사의 권위는 어떠한 경우에도 국가가 보장해야 한다.

＊ 교사의 권위를 보장하는 슬기로운 방법은 얼마든지 있다.

＊ 전교조는 시대적 사명과 뚜렷한 기능이 있었다. 그러나 이제 그러한 사명과 기능이 다한 느낌이다. 새로운 운동기치를 내걸고 다시 태어나야 하지 않을까? 교사는 단순한 노동인이 아니다. 인간의 가치형성을 주도하는 영적 리더로서의 특수한 소명을 가져야 한다. 교사들은 교육행정체제의 불합리한 권위에 종속되지 않아야 하지만 학생들의 밝은 미래를 위해 교육행정관계자들과 어떠한 창조적 협동관계를 새롭게 수립해야 할 것이다. 교사가 진정한 교육의 주체가 될수 있도록 국가는 모든 배려를 아끼지 말아야 한다.

＊ 과외공부는 얼마든지 허용해도 좋다. 과외공부가 불필요해지는 사회구조를 총체적으로 리모델링하지 않는 한 과외공부는 사라질 수 없다.

＊ 과외는 죄악이 아니다. 우리나라 교육의 죄악의 원흉은 과외가 아니라 서울대학교와 교육부, 그 두 기관이다. 둘 다 기본적으로 일본천황제 제국주의 교육 멘탈리티의 연장태이다.

＊ 서울대학교 학부가 입시경쟁의 중심축이 되지 않으면 중·고등학교 공교육의 질이 당연히 높아지게 되어 있다.

＊ 대부분 조는 학생들을 놓고 수업을 억지로 끌고가는 사태가 중·고등학교의 실태라고 한다면, 그러한 학교는 수업시간을 현재 수준의 반 정도로 단축시켜야 한다.

＊ 여기서 논의되는 것들이 산발적인 아이디어들 같지만 실상 모든 명제들은 유기적으로 연결되어 있다. 그 세부적인 실현방안에 관해서는 합리적인 시행세칙이 각 기관의 특수상황에 따라 마련되어야 한다.

＊ 교육은 생체의 율동과 함께 춤추어야 한다.

＊ 교육은 시·공에 따라 다양할 수밖에 없다.

＊ 교육에 관하여 획일적 기준을 국가가 마련하면 반드시 실패한다.

* 교사의 자율권이 없는 교육은 교육이 아니다. 교사는 커리큘럼을 자율적으로 조정할 수 있어야 한다.

* 교사는 학생에게 교육적 필요에 따라 회초리를 들 수 있어야 한다. 단 매질에 관한 권위로운 제식적, 합법적 세부규정이 필요하다. 교육의 성경「학기學記」에, 교실에는 회초리를 걸어놓는다고 적혀있다. 그것은 교육의 권위를 상징한다고 한다.

* 교사가 학생을 지도하는 방식에 관해 학부형은 항의를 해서는 아니 된다. 학부형의 항의로부터 교사의 권위를 보장하는 합의체나 법적 장치가 있어야 한다. 어떠한 경우에도 학부형 개인의 의사가 교사의 거취를 결정할 수 없다.

* 가르친다는 것은 배우는 것이다.「학기」에서 말하는 "교학상장敎學相長"(가르치는 사람과 배우는 사람은 서로를 교육시킨다)의 원리는 교육의 대강령이다.

* 교육의 궁극적 목적은 학생을 만드는 것이 아니라 위대한 스승을 만드는 것이다. 학생을 교육시킨다고 하는 것은 그가 자라 사회에서 스승 노릇할 수 있는 인물이 되도록 만드는 것을 의미하는 것이다. 이것이「학기」의 논지이다.

＊ 국가를 총체적으로 개선하는 방법은 얼마든지 있으나, 그 총체적인 플랜을 못하게 만드는 것이 민주제도라는 것이다.

＊ 민주는 자율적 규제능력을 지닌 성숙한 시민의 바탕 위에서만 기능할 수 있는 시스템이다. 그러하지 못할 때 민주는 기득권자에 복무하는 악덕이다.

＊ 민주의 기본원리는 자유(Freedom)가 아니라 협동(Cooperation)이다.

＊ 협동이란 대의를 위한 양보이다.

＊ 그러나 기득권자는 양보를 하지 않는다.

2009년 7월 22일 서울 창공 개기일식

11月 3日(火)

* 햇살이 찬란하다. 공기가 깨물으면 아삭아삭 바스러질 것 같이 청명하다. 겨울이라서 달걀을 보관할 필요가 없다고 판단하였다. 부화의 가능성이 별로 없기 때문이다. 주위 사람들의 권고도 있고 해서 하는 수 없이 오시의 초란을 먹었다. 초란인데도 엄청 크다. 노른자의 빛깔이 빠알간 황토색이다. 난황이 아니라 난홍이라고 해야 할 것 같다. 현재 이 지구상에서 맛볼 수 있는 가장 순수한 달걀이었을 것이다. 시중의 달걀과 너무 다르다. 뻗치는 자연의 힘을 느꼈다. 하루종일 배가 부른 느낌이다.

* 온돌처럼 좋은 난방시스템은 없다. 한민족의 생활지혜는 격이 높다. 장판은 따뜻하고 공기는 찬 상태, 그리고 보드랍고 두터운 명주 솜이불을 덮고 자는 휴식은 과거 어느 문명의 제왕도 향수치 못했던 향락이다. 따뜻한 솜이불 머리 위에 놓았던 걸레가 꽁꽁 얼어붙었던 어린 시절의 추억, 그 시절의 삶이 건강했던 것 같다.

* 화민성속化民成俗, 교학상장敎學相長, 이 두 마디는 「학기學記」

라는 고전이 우리 삶에 선사하는 위대한 금언이다.

＊ 지금으로부터 2200여 년 전 진제국의 성립 직전에도 중원中原의 사상가들은 "건국建國, 교학위선敎學爲先"을 말했다. 새로운 문명을 건설하려면 서로 가르치고 서로 배우는 교육을 최우선으로 삼아야 한다는 것이다. 그런데 2200여 년이 지난 오늘 대한민국에서는 "건국建國, 토목위선土木爲先"을 말하고 있다. 참으로 딱한 일이다.

＊「학기學記」에 이런 말이 있다: "선생은 학생들의 학업진도를 세밀하게 관찰하여 잘 알고 있으면서도 그것을 직접 말하기를 삼간다. 학생이 스스로 마음에 깨우치기를 바라기 때문이다."

11月 4日(水)

＊ 아침에 닭들이 울지를 않아 뜰에 나가보니 닭들이 닭장 안에서 서성거리고 있다. 봉혜가 또다시 알을 낳으려고 둥지를 틀고 있는 동안 그 앞에서 보초를 서고 있는 것이다. 동물의 세계에도 의리라는 것이 있다. 봉혜가 44번째의 알을 낳았다. 옅은 갈색인데 분홍빛이 돈다. 아름답기 그지없다.

＊ 봉혜는 알을 낳을 때 반드시 둥그렇게 움푹 들어간 둥지를

만든다. 구월이들이 자면서 지푸라기 깐 것을 평평하게 해놓는데, 봉혜는 꼭 같은 자리에 지푸라기를 헤쳐 아름다운 둥지를 만들고 서야 알을 낳는다. 동물도 이렇게 자리를 가릴 줄 아는데 사람이 자리를 가릴 줄 모른다면 어찌 사람이라 할 수 있겠는가?

＊ 예전에는 바로가 메시한테 심하게 눌려 지냈다. 메시가 모이통에 나타나면 바로가 얼씬거리지도 못했다. 그러나 지금은 당당하게 같이 먹는다. 바로가 눌리지 않는다. 기실 바로는 메시보다 몸무게가 배나 되는 거대한 장닭이다.

＊ 바로와 메시가 방음방에 같이 갇혀 자는 바람에 동지애가 생긴 것 같다. 두 장닭은 이제 서로 싸우는 법이 없다. 관계의 분명한 변화가 일어났다.

＊ 바로의 목소리가 오늘로 완벽하게 다듬어졌다. 역시 발성연습은 중요하다. 목청이 변하는 것이다. 바로의 울음소리도 이제 메시와 구분되지 않을 정도로 길고 우람차다. 바로는 같이 태어났지만 메시보다 목소리가 잡히는 것이 3개월이나 늦어졌다.

＊「학기學記」에 이런 말이 있다: "요즈음은 교사가 학생을 지도하는데 진도만을 서두르고 학생이 편안하게 이해하는 분위기를 고려치 아니 하며, 학생들 스스로 진심에서 우러나와 배움을

사랑하게 만들지 아니 하고, 또 교육을 통해 학생들이 본시 가지고 있는 개성이 다 발현될 수 있도록 만들어 주지도 아니 한다. 이렇게 가르치는 방법이 틀려먹었으니 당연히 학생들이 배움을 추구하는 방법도 틀려먹을 수밖에 없다. 今之敎者, 進而不顧其安, 使人不由其誠, 敎人不盡其材。其施之也悖, 其求之也佛。"

* 오시도 둥지에 들어갔다. 또 세 마리의 닭이 둥지 앞에서 서성거렸다. 알 낳을 동안에는 장닭이 울지 않는다. 생명의 탄생을 엄숙하게 지켜보는 것이다. 그런데 오시의 생란生卵이 늦어지니까 닭들이 기다리다 지쳐서 사라졌다. 오시도 슬그머니 나갔다. 그러다 한참 지나 오시는 다시 저 혼자 둥지로 들어갔다. 두 번째 알이 세상에 나왔다. 초란에 비해 작으나 매우 단단하고 우량하다.

* 오시가 초란을 낳은 후 급격하게 몸이 성숙했다. 몸이 두툼해지고 품위가 생겼다. 봉혜보다도 몸집이 커졌다.

* 오시는 전신이 하얗다. 알을 낳기 전에는 우리가 "얌체"라고 불렀는데, 알을 낳은 후부터는 "백설공주"라고 부른다.

* 오늘 일본에서 소주 한 병이 우송되었다. 카노오 요시미쯔(加納喜光)로부터. 내가 동경대학 중국철학과에서 석사논문을 쓰고

있을 때 카노오는 우리 과사무실에 앉아 있었던 조교(죠슈助手)였다. 카노오는 현재 시경학詩經學의 세계적인 권위일 뿐 아니라 언어학의 대가 토오도오 아키야스藤堂明保와 함께 지은 『가쿠겐신칸와다이지텐學研新漢和大字典』은 일본에서 가장 많이 읽히고 있는 사전이다. 그는 『시경』 관련 사전, 의학, 언어, 풍수 방면으로 엄청나게 많은 저술을 내었는데 실사구시實事求是의 박학지사博學之士로서 정평이 있다.

＊ 일본에서는 교수가 대학원생들을 데리고 주말에 근교 온천에 가서 같이 자고 먹으면서 오후로(목욕)도 즐기고, 학문적 토론을 하는 모임이 가끔 있다. 이때 나는 학생들이 카노오 조교에 관해 이야기를 하는 것을 들었다. 변소깐에 항상 자작 한시를 적어놓는데 운이 정확히 맞을 뿐 아니라 중국문학 전공자가 대작시를 써놓으면 여지없이 또 격파시키곤 한다는 것이다. 그래서 그 변소깐에 들어가 똥을 누려고 대학원생들의 줄이 이어진다는 것이다. 하여튼 "기재奇才"로 소문이 났다. 내가 『동양학 어떻게 할 것인가』라는 책을 내고 양심선언을 하고 한참 방명을 휘날릴 때 모교 동경대학에서 나를 불러 강연을 하게 했다. 자그만치 그때 동경대학 교수들이 약 200명이나 모였는데 분위기가 매우 상기되어 있었다. 그때 나는 일본말로 동경대학의 석학들을 웃기고 울렸다. 나는 정말 정열적이었다. 그 기념비적 강연을 현재 연세대 철학과에 있는 신규탁 교수가 학생으로서

경청하고 감동을 받았다고 했다. 그 강연장에서 나는 카노오의 시경학詩經學을 극찬했다. 그 후로 카노오와 나는 친구가 되었다. 그 강연 며칠 후 그와 조그만 우에노 뒷골목 사케야에서 잔을 기울이며 밤이 지새도록 중국철학을 토론했던 감회가 짙게 추억에 남아있다. 그 뒤로도 그는 내가 양심선언을 하고 로오닌浪人 생활을 하고 있는 것을 알고 이바라키대학茨城大學 문학부 교수로 오지 않겠냐는 초청장을 보냈다. 그때 나는 몹시 망설였다. 그때 교수로 갔더라면 내 인생은 어떻게 달라져 있을까?

* 작년 겨울에 카노오 부부가 나를 서울로 방문했다. 나는 낙송암 뜨락에서 『시경』에 관심을 갖고 있는 연세대학교 대학원 학생들과 함께 조촐한 파티를 열었다. 나는 그때 카노오를 사쯔마薩摩 사람으로 소개했다. 일본에서는 사쯔마 사람들이라고 하면 우리나라 사람들이 "전라도" 사람들을 바라보는 것과도 비슷한 느낌으로 바라본다.

* 일본 메이지유신明治維新의 존황파 주역이며 정한론征韓論자인 난슈우南州 사이고오 타카모리(西鄕隆盛, 1827~1877)가 사쯔마 사람이라는 것은 누구나 다 아는 일이다. 그런데 내가 왜 그가 사쯔마 사람이라는 인상을 그토록 오랫동안 가지고 있었는지 잘 모르지만 옛날에 온천에서 그를 얘기하는 대학원생이 나에게 그가 사쯔마 사람이라서 저렇게 독특한 "쿠세"가 많다고 이

야기했던 것으로 똑똑히 기억한다.

* 그런데 너무도 충격적인 사건이 벌어졌다. 파티장에서 그가 벌떡 일어나더니 자기는 사쯔마 사람이 아니라고 외치는 것이다. 그러면서 그는 사쯔마 사람들이야말로 자기 고향 사람들이 너무도 증오하는 사람들이라고 말하면서, 자기는 엄밀하게 말해서 일본사람이라고 말할 수도 없다고 했다. 강렬한 반사쯔마, 반일 감정을 표출하는 것이다. 그러나 그의 책들의 저자소개란에는 어김없이 카고시마켄(鹿兒島縣: 사쯔마의 다른 이름)출신으로 적혀있다.

* 카노오는 사쯔마 사람이 아니라 사쯔마의 냉혹한 지배를 받은 난세이쇼토오南西諸島의 주섬인 아마미오오시마奄美大島의 사람이다. 카고시마의 최남단에서부터 오키나와까지 기다랗게 열도가 뻗쳐 있는데 그 중간쯤에 위치한 꽤 큰 섬이다. 『일본서기日本書紀』 사이메이 3년(齊明三年, 657)조에도 그 이름이 보인다. 예로부터 류우큐우琉球에 속해 있다가 바로 임진왜란에서 공을 세운 시마즈島津 패밀리가 1609년 류우큐우출병琉球出兵을 단행하여 이 지역을 복속시켰다. 그 뒤로 아마미오오시마의 사람들이 겪은 고초는 우리가 36년간 일제의 지배를 받은 것보다 혹독하면 혹독했지 못하지 않았다.

※ 아마미는 사탕수수 최대의 산지로서 우량한 흑설탕을 생산했는데 이 생산이 모조리 억울하게 공출당한 것이다. 몇백 년 동안! 사쯔마의 부富가 다 여기서 축적된 것이고 그것이 메이지유신의 기초가 된 것이다. 그러니까 카노오는 나와 비슷한 입장에서 일본역사를 객화시켜 바라보는 사람이다.

　※ 임진왜란 때 잡혀간 우리나라 도공들이 사쯔마에서 사쯔마야키를 개발했고 그것이 또 근세 사쯔마의 부의 원천이 되었던 것이다. 그러니까 조선과 아마미에서 도둑질해온 것으로 메이지 일본을 일으켰다. 그러니까 카노오나 나나 같이 도둑질당한 피해자들인 것이다.

　※ 최근 나는 카노오에게 『논어한글역주』와 『효경한글역주』를 우송했다. 학문을 하는 사람들끼리의 교류의 증표로서. 그는 내 책을 책상머리에 꽂아두고 있는 것만으로도 가슴이 뿌듯하다고 했다. 단지 한국말을 못읽는 것이 천추의 한인데 한국말을 공부해서 꼭 읽겠다고 했다. 경탄스러운 역작이라고 했다. 빈말이라도 참으로 고마운 말이다. 그리고 나에게 술을 한 병 보냈다. 그의 편지를 있는 그대로 번역한다.

**　　제가 보내는 이 술은 소생의 고향인 아마미오오시마에서 생산되는 소주燒酒입니다. 이것은 물론 학형이 나에게 보**

내준 책의 대가로 보내는 것은 아닙니다. 우리 고향사람들, 나의 뿌리의 슬픔이 서려있는 그 맛을 학형에게 느끼게 해주고 싶었습니다.

아마미의 소주는 흑설탕과 쌀로 제조하는데, 사쯔마한薩摩藩의 지배를 받고 있던 시대에 동남아시아의 남방제법製法이 전래되어 제조가 시작되었습니다. 약 500년 전에 오키나와에 전래되어, 다시 아마미로 전래된 것인데, 중요한 것은 일본의 정종(청주淸酒)과는 완전히 원료와 제법이 다르다는 것이죠. 그러나 에도 후기, 흑설탕이 사쯔마한에 의하여 착취되어 모조리 공출당하자 정작 아마미 토착민들은 술을 만들 수가 없었습니다. 그래도 몰래몰래 숨겨두어 조금씩 밀조密造를 했습니다. 들키면 엄청한 곤옥을 치르곤 했습니다. 섬사람이 이 술을 먹게 된 것은 전후 미군정 이후의 사건입니다. 소생이 아동이었을 때도 세금이 너무 높아 밀주를 담궜습니다. 나의 할아버지는 소주를 너무 좋아하셨지요. 그래서 저는 할아버지를 위해서 밀주 담그는 집에 가서 술을 받아오곤 했습니다. 그때 그 슬픈 사탕수수의 향기가 어린 코에 배어 지금까지도 생생하게 남아있습니다. 저에게 있어서 이 술은 고향의 전부입니다. 꼭 학형이 마셔보기를 권합니다. 한국 다녀온 지 꼭 1년이 되는군요. 탈고하시면 꼭 일본에 놀러오세요. 사요나라.

카노오 요시미쯔

＊『대학·학기한글역주』가 탈고되는 날 나는 카노오가 보낸

술을 먹고 싶다. 제자들과 함께. 모닥불을 피워놓고. 1983년산 소주. 알콜 성분 38도.

＊ 그리고 꼭 카노오와 아마미섬을 가고 싶다. 옥색 바다가 넘실거리는 아름다운 해변이 너무도 많다고 한다.

＊「학기」에 이런 말이 있다: "노래를 아름답게 잘 부르는 사람은 혼자 부르고 끝나는 것이 아니라 꼭 남이 따라 부르게 만들어 결국 그 노래가 세상에 퍼지도록 만든다. 마찬가지로 잘 가르치는 사람은 혼자 알고 끝나는 것이 아니라 그 뜻이 사람들에게 계승되어 사회로 전파되도록 만든다. 위대한 교사의 언어는 간략하면서도 많은 사람에게 깨달음을 주는 힘이 있다. 진정한 스승이 될 수 있는 자는 장(長)이 될 수 있고, 장이 될 수 있는 자는 군(君)이 될 수 있다." 한 사회의 최고의 권력자는 그 사회에 속하는 모든 사람들의 스승이 되어야 한다는 논리를 펴고 있다.

11月 5日(木)

＊ 우리나라에 훌륭한 원로분은 많이 있을 것이다. 그러나 지금 현시점에서 단 한 분을 꼽으라면 백낙청白樂晴선생을 꼽아야 할 것이다. 냉철한 판단력과 우아한 인품을 골고루 갖춘 분이다. 우리나라의 대통령이라면 이러한 분과 자주 만나서 이 나라의 미래에 관하여 진지하게 토론하는 시간을 가져야 할 것이다.

＊ 나는 시험으로 학생들에게 스트레스를 주지 않는다. 그리고 학점은 가급적인 한 후하게 준다. 선생이 학생에게 스트레스를 주어야 할 것은 일상생활이다.

＊ 교육은 반드시 개념적(conceptual), 도덕적(moral), 신체적(physical) 훈련이 동시에 이루어져야 한다. 이 셋 중 하나라도 결하면 그것은 교육이라 말할 수 없다.

＊ 봉혜가 새끼를 쪼고 독립하여 다시 알을 낳을 때는 반드시 저 높은 측백나무 가지 위로 날아가 잤다. 땅거미가 내려앉으면 반드시 그리로 올라갔다. 그래서 "봉혜"라는 이름도 생겨난 것

이다. 그런데 지금은 올라갈 생각도 하지 않는다. 그 옛 집을 새카맣게 잊어버린 듯하다. 왜 그럴까? 그 이유는 단순하다. 유월이 때는 친구가 없었다. 혼자였다. 그래서 고독한 나뭇가지 위로 날아간 것이다. 그런데 지금은 친구가 있다. 메시, 바로, 오시가 있다. 그래서 친구들과 함께 어둑해지면 닭장으로 들어간다.

＊ 역시 같이 몸을 부딪쳐 댈 수 있는 친구가 있는 것이 좋은 모양이다. 혼자 있는 것보다는 같이 있는 것이 좋은 모양이다. 인간의 부부라는 것도 서로 의지할 수 있는 친구, 그 이상의 아무것도 아닐까 한다.

＊ 주희가 『사서집주』를 『논어』『순자』『학기』『중용』으로 했다면 인류사가 달라졌을 것이다.

＊ 주희는 과거를 답습하여 집대성한 자이지 결코 창조적인 사람은 아니었다. 그 아이디어 골격의 거의 100%가 정이천의 것이다.

＊ 노론의 주자절대주의는 분명 잘못된 것이지만 북인·남인의 생각도 촌스럽다.

＊ 내가 오늘 「학기」 역주를 탈고하는 순간에 봉혜가 또 45번

째의 알을 낳았다. 매일 다산多産하는 봉혜의 노고에 경의가 느껴진다. 말이 그렇지 그 조그마한 몸에서 그렇게 딴딴한 껍질로 덮인 알을 생산한다는 것이 보통 일이 아니다. 『중용』에서 말하는 "지성무식至誠無息"이라는 말이 생각난다. 지극한 우주의 성실함은 쉼이 없다는 뜻이다.

✽ 너무 재미있는 것은 봉혜가 알을 낳으려고 둥지에 들어가 있는 동안 메시도 같이 들어가 앉아 있었고, 그 앞에 바로와 오시가 서성거리고 있었다는 것이다. 암놈이 알을 낳는데 둥지에 숫놈이 같이 들어가 있는 광경은 참 보기 힘든 것이다.

✽ 봉혜는 알생산, 도올은 글생산, 둘이서 경쟁하는 듯하다. 나 도올은 봉혜처럼 살리라.

11月 6日(金)
✽ 수탉의 벼슬은 정말 아름답다. 예로부터 우리말에 관직에 나아가는 것을 "벼슬한다"고 했는데 이 말도 닭 벼슬에서 생겨난 말이다. 과거시험에 붙어 벼슬을 하게 되면 수탉처럼 멋있는 관을 쓰게 되므로 관직을 벼슬이라 부르게 된 것이다. 그래서 조선시대 때에는 과거시험 공부하는 자식 방에 꼭 찬란한 색깔을 한 수탉 그림 병풍을 둘러쳐 주었다. 그래서 수탉 민화가 우

리나라에 많이 남게 된 것이다.

＊ 맨드라미도 계관화鷄冠花라고 부르는데 닭 벼슬처럼 생겼기 때문이다.

＊ 우리집에서는 요즈음 거의 음식 쓰레기가 생겨나지 않는다. 사과·배·감 등의 과일을 깎아 먹어도 그 껍질을 버리지 않고 칼로 다져서 조와 섞어주면 닭이 너무도 잘 먹는다. 다시마·고구마·감자 등도 아주 잘 먹는다. 보통 닭이 마른 곡류만 먹는 줄 아는데 식성이 우리 인간과 거의 비슷하다. 육류도 잘 먹고 채소·과일 다 잘 먹는다. 과거의 농업사회는 이와 같이 에코시스템이 잘 돌아가서 쓰레기가 생산되질 않았다. 그래서 아름다운 금수강산이 수천만 년을 보존되어 온 것이다. 그러나 산업사회로 접어들면서 인간이 존재한다는 것 자체가 쓰레기양산체제가 되었을 뿐 아니라 막대한 자연파괴를 일삼게 되었다. 더구나 르네쌍스이래의 서구인의 철학은 "자연파괴"를 인간 이성의 승리라고 예찬했다. 프란시스 베이컨(Francis Bacon, 1561~1626)만 해도 아는 것이 힘이라고 외쳤는데, 결국 안다는 것은 인간의 자연지배를 의미했던 것이다. 과연 인간의 자연파괴가 어디까지 진행될 것인지 도무지 알 수가 없다. 이제 환경의식이 없는 진리는 진리가 아니다.

＊ 칼 맑스만 해도 서구 이성주의의 적손이기 때문에 환경에 대한 의식이 전혀 없었다. 노동의 개념 속에 우주라는 유기체에 대한 고려가 전혀 없다. 그래서 세계적으로 대개 좌파지식인이라고 하는 사람들이 환경의식이 없다.

＊ 우리나라 좌파지식인을 자처하는 사람들도 대부분 대중을 빙자한 권력의 역학에만 관심이 있고 아주 평범한 당위성에 대한 참여가 없다.

＊ 수탉의 새벽울음에 관한 신비가 있다. 닭들은 해가 지려고 하면 반드시 집에 들어가 잠을 잔다. 그러면 잠자는 시간은 계절에 따라 변한다. 여름에는 저녁 8시가 되어도 안 들어가고 서성거리는데 요즈음은 5시 반만 되어도 들어간다. 그런데 이렇게 잠자는 시간의 변화가 와도 새벽에 우는 시간은 일정하다. 꼭 4·5시경이면 우는 것이다. 옛 글에도 보면 겨울에는 닭이 울어도 날이 새려면 한참이 걸린다는 표현이 많다. 수탉이 어떻게 절대시간을 지키는지 참 신비롭다.

＊ 옛날에는 수탉의 "계명"을 "인시寅時"라고 표현했는데 요즈음 시간으로는 새벽 3~5시에 해당된다. 스님이 일어나는 시간과 같다. 오경삼점五更三點의 파루종罷漏鍾에 따라 남대문이 열리는 시각도 대강 비슷하다. 혜강의 「양한정기養閒亭記」에는 남

대문이 열리자마자 오가는 거마車馬의 시끄러운 소리가 묘사되고 있다. 혜강은 남대문 곁에 살았다.

 * 우리나라에 현재 진보언론이 존속하고 있다는 것은 매우 고마운 일이고, 다행스러운 일이다. 그나마 이런 언론이라도 없다면 암흑세계가 찾아올 것이다. 그러나 진보언론도 너무 편협한 이념이나 인맥에 매달리면 곤란하다. 억지로 보수까지 껴안을 필요는 없다 하더라도 자기들이 생각하는 진보 이외의 많은 사상가들을 존중할 줄 알아야 하는데 그런 아량이 부족하다. 진보사상의 교주 같은 사람들 몇 사람 모셔놓고 자기들만의 잔치를 벌이다 보면 결국 민중으로부터 점점 격리되어 간다.

 * 현정권이 참으로 현명하다면 진보언론 매체들을 최소한 경제적으로 압박하는 분위기를 만들어서는 아니 된다.

 * 모든 언론이 힘써야 할 가장 중요한 과제는 끊임없이 젊은 사상가를 발굴하는 일이다. 사회적 공론을 형성하는데 직분 타이틀을 기준으로 삼으면 아니 된다. 평범한 대학원생도 유명한 교수나 원숙한 신문사 컬럼니스트보다 더 위대한 글을 쓸 수 있다.

 * 좌·우를 막론하고 현상에 대한 비판의식(critical mind)이 없는 글은 글이라 말할 수 없다.

＊ 오늘 오시가 세 번째 알을 낳았다. 꿩알만큼이나 작아졌는데 색깔은 더 진해졌다. 그런데 닭이 알을 낳는 현상에 관해 의문이 가는 점이 있다. 오시도 알을 낳고 꼬꼬댁하고 소리쳐서 자기가 둥지에 알을 낳았다는 것을 알렸는데, 이러한 일반적 행동패턴이 참 궁금하다. 자연상태에서는 둥지에 알을 낳으면 그것의 소재를 숨기려 할 것이다. 그런데 닭은 오히려 자기가 알을 낳았다는 것을 선전하는 것이다. 그리고 어렸을 때 경험으로도 닭이 알을 품고있는 둥지에서 알을 꺼내도 쪼거나 하는 일이 없었다. 자기가 낳은 알에 대하여 별 애착이 없는 것이다. 이것이 가금화(domestication) 과정에서 일어난 행동양식의 변화인지, 어떤 다른 의미가 있는 것인지 잘 알 수가 없다. 하여튼 닭은 인간에게 한없이 고마운 동물이다.

＊『대학』에서 "지어지선止於至善"이라는 말이 있는데 전통적으로 주석가들이 "지선"을 인간의 내면적 덕성으로 생각하였다. 주희든 왕양명이든 모두 그것은 지극히 선한 인간 내면의 천리天理로서 해석하였던 것이다. 그리고 "지止"를 모두 "그치다" "머무르다"로 해석하였는데, 그것은 매우 잘못된 해석이다. 그친다는 것은 가야 그치는 것이다. "그침"은 "감"이 없이는 의미가 없다. 감의 그침은 곧 감의 목적이요 종착이다. 따라서 "지止"는 반드시 "무엇을 향하여 매진한다"로 해석해야 한다. 그리고 지선은 인간의 내면의 지선이 아니라 인간이 서로에게 "지극히

좋다至善"고 느끼는 관계를 형성하는 이상적 사회를 의미한다. 다시 말해서 "대학지도大學之道" 즉 큰 배움의 길은 이상사회를 향하여 매진하는 데 있다는 것이다.

＊ 공자는 인간의 이상사회를 단 한마디로 규정한다. 그것은 송사訟事가 없는 사회라는 것이다. 서로가 서로를 불신하고, 질투하고, 음해하고, 고발하는 일이 없는 사회, 그래서 허위와 허례와 허식虛飾이 없는 사회, 그것이 곧 지선의 이상사회라는 것이다. 공자는 플라톤처럼 이상사회를 하나의 모델이나 이념이나 이데아로서 생각하는 것이 아니라 인간의 관계 속에서, 느낌 속에서, 정감 속에서, 의지 속에서 유동적으로 생각하였다. 그러나 송사가 없는 인간사회, 역시 하나의 영원히 도달 불가능한 이상일 수밖에 없다. 그러나 인간은 이상을 향해 영원히 매진할 수밖에 없다.

11月 7日(土)

* 아침 소조한 정원에서 시상이 떠올라 한 수 적었다.

낙엽 대지를 물들일때
성그른 잎사귀 가린 숲속
너는 목놓아 운다
뭐가 그리 서러우길래
앙상한 가지 멀리도록
울고 또 우느뇨
천지의 마음이
너를 흐느끼느뇨
낙락장송 푸른잎새
네 마음을 찌르느뇨
네 울음 배인
흐드러진 잎새 쓸어담으며
영원히 돌아오지 아니할
시간들을 불사르노라
네 울음 퍼진 저 푸른
천애天涯를 응시하며

＊ 탈고를 눈앞에 두고 있다. 가슴이 울렁거려 어젯밤 잠을 잘 이룰 수가 없었다. 주희가 만든 "집주대학集注大學"이 아닌 『예기』 속에 있는 『대학』의 모습을 복원하는 데 나는 성공하고 있는 것이다. 그것은 매우 공포스러운 작업이었다. 주희와 동일한, 아니 그 이상의 학문의 실력이 없으면 도저히 할 수 없는 작업이었다. 주희는 경1장과 전10장의 체제로 『대학』을 보았지만 나는 경(經)·전(傳)체제를 근원적으로 인정하지 않았다. 뿐만 아니라 주희는 『대학』텍스트를 프라그먼트로 나누어 순서를 바꾸어 재배열시켰다. 나는 원래의 『대학』 모습 그대로, 텍스트의 일체의 변형이 없이 전 텍스트를 17장으로 나누어 해석하였다. 드디어 인류를 800년 동안 지배해온 주희의 『대학』이 무너지고 있다. 베를린 장벽보다도 더 거대한 장벽이 무너지는 느낌이다. 이 삶의 감격을 누구와 공유할 수 있으리오?

＊ 성백효成百曉는 변변한 학벌도 없다. 그렇지만 한학漢學의 수업을 체계적으로 받은 자이므로 학벌이 없다고 말할 수 없다. 부친 월산공月山公으로부터 한학을 수학하였고 월곡月谷 황경연黃璟淵, 서암瑞巖 김희진金熙鎭 선생, 그리고 우전雨田 신호열辛鎬烈 선생께 배웠다. 나는 그의 번역작업을 답답하게 느낀다. 그러나 답답한 대로 치열하고 치밀하다. 우리나라에서 그의 한문고전번역을 따라갈 작품이 없다. 대한민국에서 한문을 한다는 사람치고 전통문화연구회에서 나온 그의 현토완역본을 안 본 사람

이 없다. 그는 우리나라 인문학의 발전에 가장 큰 공헌을 한 사람이다. 때로 그의 번역에서 오류도 발견되지만 한 글자 한 글자를 그처럼 따져서 우리말로 정확하게 번역하는 자가 없다. 한학자의 두리뭉실이 전혀 없다. 성백효 한 사람이 대학교수 100명을 합친 것보다 낫다. 대한민국이 성백효를 100명만 길러도 미국 박사 1만 명을 기른 것보다 낫다.

＊ 우리 동네 푸줏간 아저씨가 있다. 평생을 육고기와 살아온 장인 중의 장인이다. 어느 고기 한 점을 가져다주어도 어떤 족보의 어떤 상태의 고기이며 어떤 부위인지 다 알아맞춘다. 『장자』에 나오는, 양혜왕에게 양생의 도를 가르쳐준 해우解牛의 포정庖丁과도 같다. 봉혜 먹을 것을 가끔 가져다 주신다.

＊ 우리가 너무도 잘 아는 『대학』이라는 책 속에 이런 말이 있다: "애를 낳아 길러보고 나서 시집가는 처녀는 일찍이 있어본 적이 없다. 未有學養子而后嫁者也。" 이 말이 언급되고 있는 맥락은 정치적인 행위에 관한 것이다. 다시 말해서 정치를 행하는 사람이 시집가는 처녀처럼 닥쳐서 살림을 해나가는 것이지 미리 정치행위를 다 배우고 그 이성적 프로그램에 따라 정치를 하는 것은 아니라는 것이다. 그러니까 정치는 이성적 지식보다는 순간순간 바른 판단을 내릴 수 있는 감성적 토대가 중요하다는 것이다. 그 감성적 토대는 가정윤리 속에서 길러진다는 것이

"치국"은 "제가"를 근본으로 한다는 말의 의미가 되는 것이다.

 * 현대사회에서 그 감성적 토대는 인문학으로 길러져야 한다고 나는 믿는다. 그런데 우리 최근세사에는 너무도 인문학의 기초를 갖춘 정치적 지도자가 없었다.

 * 합리성의 기초는 이성에 있는 것이 아니라 감성에 있다고 믿는 철학체계가 선진유학先秦儒學이다.

11月 8日(日)

* 간밤의 혹독한 비에 감잎이 많이 떨어졌다.

* 늦가을 허공의 빗줄기가 메시 울음소리를 지운다.

* 요즈음 들어 겨우 철이 좀 들어간다는 생각이 든다.

* 잠을 잘 자는 편이다.

* 회춘(rejuvenescence)이란 관념이 아니라 물리적 사태이다. 완벽한 시간의 역행이며 엔트로피의 저하이다.

* 봉혜를 보라! 불과 열흘 전만 해도 봉혜는 꼬부랑할머니 같이 보였다.『장자』「지북유知北遊」에 "형약고해形若槁骸"라는 말이 있는데, 그 모습이 말라비틀어진 나뭇가지 같다는 뜻이다. 꼭 봉혜의 모습이 그러했다. 색깔도 사회(死灰: 불씨 꺼진 재)와 같았다. 그런데 불과 열흘만에 완벽한 새색시로 다시 태어난 것이다. 연지곤지 바른 새색시처럼, 새빨간 벼슬에 새로 나는 꽁

지에 사뿐사뿐 걷는 모습이 꼭 봄날에 꽃가마 타고 나들이 하는 처녀 같이 우아해졌다. 봉혜는 회춘할 능력이 있는 것이다. 그것도 할 일을 다하고. 자연의 리듬에 따라 한순간의 게으름도 없이.

* 봉혜의 회춘의 비결은 무엇일까? 그것은 무서운 절제력이다. 봉혜가 새끼를 키우는 동안에는 자기 생체리듬을 다운시킨다. 호미오스타시스의 전 체계를 낮은 눈금에 맞추어 놓는다. 최소한의 음식만을 취하며, 알을 낳지 않으며, 몸을 가볍게 만든다. 자기절제, 생체리듬의 다운, 그것이 곧 회춘의 비결인 것이다.

* 비만한 자는 절대로 회춘할 수 없다.

* 비만은 암보다 더 무서운 질병이다. 비만은 회춘의 가능성을 봉쇄시킨다. 이미 자기절제력을 상실했기 때문이다.

* 인간도 주색을 금하고 일상생활을 조절하면 회춘할 수 있다. 시간을 거스를 수 있다. 생체의 시간이 물리적 시간에 역행한다는 것은 아름다운 일이다.

* 인간이 나이가 들어 건강하게 사는 것처럼 더 큰 축복은 없다. 나이가 들면 아무래도 욕심의 제어가 가능해지며 폭넓은 사

고가 가능해지며 사물을 포용할 수 있는 지혜가 생겨난다. 지혜로울 수 있을 때 건강하면 그 이상의 행복은 없다.

＊ 정치에 있어서 가장 중대한 과오는 "문명의 비만"을 추구하는 것이다. 에너지 과소비, 과도한 개발, 건물공간들의 낭비, 부질없는 도로망의 확대, 4대강정비사업, 이러한 모든 것들이 문명의 비만을 추구하는 추태이다. 불필요한 무게를 달고 다니며 헉헉거릴 필요가 전혀 없는 것이다. 미국에 비만환자들이 많은 것은, 미국문명이 비만증에 걸려있기 때문이다. 우리나라 보수정권이 이러한 그릇된 문명의 비만을 "경제개발"이라고 선전해대는 것에 국민들은 기만당해서는 아니 된다.

＊ 조선문명은 봉혜에게 배워야 한다.

11월 9일(月)

＊ 새벽 한 시 이십사 분, 『대학·학기 한글역주』를 탈고하다.

봉혜

오시

도올 김용옥선생님의 저술목록

『여자란 무엇인가』,『東洋學 어떻게 할 것인가』
『절차탁마대기만성』,『루어투어 시앙쯔』(上·下)
『논술과 철학강의』(1·2),『아름다움과 추함』
『이땅에서 살자꾸나』,『새춘향뎐』
『老子哲學 이것이다』,『나는 佛敎를 이렇게 본다』
『길과 얼음』,『도올세설』,『三國遺事引得』
『白頭山神曲·氣哲學의 構造』,『新韓國紀』
『태권도철학의 구성원리』,『이성의 기능』
『도올논문집』,『天命·開闢』,『시나리오 將軍의 아들』
『石濤畵論』,『삼국통일과 한국통일』(上·下)
『醫山問答 : 기옹은 이렇게 말했다』,『대화』
『너와 나의 한의학』,『도올선생 中庸講義』
『건강하세요Ⅰ』,『氣哲學散調』,『話頭, 혜능과 셰익스피어』
『도올 김용옥의 金剛經 강해』,『요한복음강해』,『큐복음서』
『노자와 21세기』(1·2·3),『달라이라마와 도올의 만남』(1·2·3)
『기독교성서의 이해』,『도올의 도마복음한글역주』(1·2·3)
『논어한글역주』(1·2·3),『효경한글역주』,『대학·학기한글역주』
『중용한글역주』,『중용, 인간의 맛』,『사랑하지 말자』
『맹자, 사람의 길』(上·下),『도올의 교육입국론』
『도올의 중국일기』(전7권)

도올문집시리즈

제1집:『도올의 淸溪川 이야기』- 서울, 유교적 풍류의 미래도시
제2집:『讀氣學說』- 최한기의 삶과 생각
제3집:『혜강 최한기와 유교』-『기학』과『인정』을 다시 말한다
제4집:『삼봉 정도전의 건국철학』-『조선경국전』『불씨잡변』의 탐구
제5집:『도올심득 동경대전』- 플레타르키아의 신세계
제8집:『도올의 국가비전』- 신행정수도와 남북화해
제9집·10집:『앙코르와트 월남가다』(上·下) - 조선인의 아시아 문명탐험

계림수필 -봉혜처럼 살리라

2009년 12월 15일 초판발행
2016년 5월 30일 2판 2쇄

지은이 　도올 김용옥
펴낸이 　　남호섭
펴낸곳 　　통나무

서울특별시 종로구 동숭동 199-27
전화: 02) 744-7992
출판등록 1989. 11. 3. 제1-970호

© Kim Young-Oak, 2009　값 15,000원
ISBN 978-89-8264-119-0　(03810)